AF345691

Declárate en Victoria

Virginia Ortega Langreo

Declárate en Víctoria

Título: *Declárate en Victoria*

© 2019, Virginia Ortega Langreo

Autoedición y Diseño: 2019, Virginia Ortega Langreo

Primera edición: octubre de 2019

ISBN-13: 978-84-18213-17-5

Depósito legal: TF 128-2020

"Deja de actuar como si la vida fuera un ensayo. Vive este día como si fuera el último. El pasado ya se ha ido. El futuro no está garantizado".

Wayne Dyer

Me gustaría dedicar este libro a todas esas grandes personas que me rodean y que me han hecho crecer, pero también a ti, que estás leyendo estas líneas ya que te aseguro que aunque en algún momento te hayan hecho sentir pequeñito eres inmensamente grande.

Lo único que debes hacer es confiar en ti y quererte por encima de todas las cosas. Préstate atención.

PRÓLOGO

Todo el mundo merece algo mejor.

Todos.

Pero no todo el mundo lo reclama para él mismo, y tampoco todo el mundo, aún exigiéndole a la vida esas mejoras, las termina consiguiendo.

¿Por qué?

Principalmente, porque depende más de nosotros mismos que de la vida.

Uno no puede elegir las cartas con las que empieza esta gran aventura, pero si puede decidir sobre como va a jugar la mano que le ha tocado para empezar.

El secreto de la vida es que la clave no está donde empiezas, son donde terminas y, para ello, debes hacerte 100% responsable sobre lo que haces con ella.

Nada llega a nuestras vidas por casualidad, sino por sincronicidad, por causalidad, por principio de causa y efecto. Las cosas llegan por PROPÓSITO y por ese motivo, si tienes este libro en tus manos, es porque contiene información importante para ti.

Gracias Virginia por escribirlo y tú, amado lector, por leerlo.

Lain, autor de la Saga LA VOZ DE TU ALMA.

www.lavozdetualma.com

AGRADECIMIENTOS:

En primer lugar, quiero dar las gracias a mis padres, por darme la vida y apoyarme incondicionalmente.

A mi familia, por estar siempre a mi lado, en los buenos y los malos momentos.

A todos esos amigos que, salvando todos los obstáculos, siguen ahí, y también a los que ya se fueron.

A María Teresa, por hacerme abrir los ojos cuando no tenía fuerzas para vivir.

A Robert de la Cruz, por compartir conmigo la ilusión de escribir este libro y hacer una foto de portada tan maravillosa como esta.

A todas las personas que, indirectamente con sus conferencias, sus libros y sus experiencias, me han hecho ser hoy en día la persona que soy; ya que si no hubieran aparecido en mi vida, no podría ayudar a mis lectores a cambiar sus vidas.

GRACIAS de verdad, aunque algunos estéis lejos o ya no estéis conmigo, siempre estaréis en mi corazón.

TESTIMONIOS

"Declárate en victoria" es el libro que necesitas leer para recuperar la confianza en ti mismo y volver a ver la vida desde el amor, dejando a un lado tus miedos.

Virginia te guía de una manera asombrosa hacia tu interior para que vuelvas a disfrutar de tu poder creador.

**Teresa Vitaller, autora de la trilogía
"Enséñales a volar"**

"Aquí te darás cuenta que todo depende de ti para un vida mejor y que juntos podemos construir un mundo mejor. Pone en su lugar una vez más a el Amor como fuerza para superar el Miedo".

Karina Tejada Ibáñez

"Ser feliz. Parece imposible, o eso nos hicieron creer.

Virginia viene a romper con todas estas creencias para enseñarnos que SÍ se puede y cómo hacerlo.

Gracias, gracias, gracias.

Emma Benamar

ÍNDICE

INTRODUCCIÓN

Si decides comprar este libro, se debe a que probablemente ha habido obstáculos en tu vida que te han hecho ver el mundo de otra manera y buscas el positivismo por todas partes.

<u>Levántate hoy como ganador</u> y declárate libre de todo lo que te hizo llorar ayer.

Hacer lo que te estoy pidiendo es de valientes, únicamente unos pocos lo hacen, pero sé que es tu momento para evolucionar, solo por habernos conocido ahora.

Nada es casualidad, todo pasa en su debido momento y por algo.

Yo voy a ayudarte para que pongas en práctica, contigo mismo, todos y cada uno de los pasos que te explico.

Vas a cambiar tu vida para siempre.

Confía y absorbe toda la información que te ofrezco para, justo después, volver a nacer.

"Nuestro destino nunca es un lugar, sino una nueva forma de ver las cosas".

Henry Miller

No caigas en el error de pensar que ya lo sabes todo, ya que posiblemente hayas leído algo sobre esto alguna vez, pero solo ha quedado en tu superficie y ahora la experiencia va a ser totalmente diferente, vamos a profundizar en el tema y vas a conseguir grandes cosas.

Lo que tenemos que hacer juntos, tú y yo, es adentrarnos en todas y cada una de las afirmaciones que te voy a exponer.

Pregúntate:

¿Te ocupas activamente de ser feliz?

¿Disfrutas de los buenos momentos que te ofrece la vida?

¿Cambias tu actitud para tener una vida mejor?

Hoy empezarás a verlo todo de otra manera, ¡te lo mereces!

Tienes que ser igual que un niño pequeño para crecer cada día más y más, desaprendiendo primero todo lo que te han enseñado y que, en muchas ocasiones, no te deja avanzar.

Déjame que te diga que en mi vida hubo un momento en el que todo carecía un poco de sentido, me sentía descolocada.

Seguro que también has tenido retos en la vida que te han hecho flaquear y has tenido ganas de *tirar la toalla*, pero entonces tienes que sacar esa fuerza que piensas que no tienes y que te aseguro que existe en tu interior. Solo tienes que cambiar tu manera de pensar.

Un día abrí los ojos y algo en mi interior me dijo:

—¡Vuela alto, vuela!

Y así lo hice, volé más alto de lo que nunca había podido imaginar.

Me sentí como quiero que te sientas tú ahora, ¡INMENSAMENTE FELIZ!

Hace unos años mi vida dio un giro de 180 grados.

Sí, llegué al cielo, y ahora vas a llegar tú si confías en ti mismo y en tus posibilidades infinitas.

Desde allí todo se ve mucho más claro y relativizas las cosas que realmente no tienen importancia.

Después de pasar muchos desafíos que me llevaron a una gran depresión, aprendí cómo me tenía que enfocar para poder ser la persona que soy ahora. Te voy a explicar mis puntos clave y cómo cambié mi vida.

Me gustaría ayudarte, enseñarte que hay mucho por descubrir y disfrutar.

En muchas ocasiones no lo vemos, estamos ciegos por culpa de la inercia del día a día, pero ¡TÚ LO VAS A CONSEGUIR!

Créeme, es fácil.

Hay dos grandes emociones básicas:

-El miedo.

-El amor.

Si hablamos del miedo, me refiero también a la culpa, la ansiedad, la vergüenza…

Si hablamos de amor, me refiero también a la comprensión, el agradecimiento, el perdón...

Dependiendo del modo en que hayas interiorizado cómo afrontar tu vida, serás inmensamente feliz o no.

Así que ahora te voy a explicar, con todo mi cariño, los pilares que mueven mi mundo y que cada día me hacen ser más feliz y mejor persona.

Esas limitaciones ya no son un problema para mí, y tampoco lo serán para ti.

¡Se puede!

¡Si quieres, puedes!

¡Créeme!

Revoluciona tu vida y no podrás quitarte esa sonrisa eterna de la cara, te lo aseguro.

He querido escribir este libro para que tú no tengas que recorrer el camino de la misma manera que yo lo he recorrido y encuentres el verdadero sentido de la vida.

Me he propuesto como objetivo donar el 10% de los beneficios a personas que lo puedan necesitar más que yo, y así aportar mi granito de arena. Defiendo firmemente los pequeños gestos que cambian vidas.

¡Vamos a construir un mundo mejor, por nosotros y por las generaciones futuras!

Empecemos…

SUPERA TUS MIEDOS DESDE EL AMOR

"Aprendí que el coraje no era la ausencia del miedo, sino el triunfo sobre él. El valiente no es el que no siente miedo, sino el que vence ese temor".

Nelson Mandela

En muchas ocasiones, **EL MIEDO** nos paraliza y no nos deja avanzar. Sientes ese nudo en el estómago tan incómodo e incluso no puedes dormir por las noches. Das vueltas y vueltas en la cama, creando expectativas de lo que te puede llegar a ocurrir, aunque no sea lo más probable.

Crees que la vida se acaba, pero no hace más que empezar.

Es una sensación muy desagradable y su papel principal es tu supervivencia frente a una posible amenaza.

Esta sensación la crea tu mente condicionada y te paraliza.

Tu problema no es el miedo, ya que en ocasiones es positivo, te pone en alerta, el problema llega cuando se vuelve irracional y no lo puedes controlar.

Hazte solo estas preguntas:

¿Dónde nace tu miedo?

¿Puedes controlarlo racionalmente?

Escucha tu corazón y no adelantes nunca los acontecimientos, ya que no sabes lo que puede pasar mañana.

Las cosas negativas suceden, pero las positivas también, y no debes preocuparte por algo que probablemente no llegue a ocurrir nunca.

Trabaja tus inseguridades, ¡eres maravilloso, pero probablemente lo hayas olvidado!

"El miedo no es real, es un producto de los pensamientos que creas. No me malinterpretes. El peligro es muy real, pero el miedo es una opción".

Will Smith

Así que, cuando te sorprendas enredado en tus pensamientos, deja de hacer lo que estás haciendo y rompe completamente tus esquemas. Haz algo que te guste y así conseguirás salir de ese conflicto interior.

La psicología experimental asegura que existen seis emociones primarias:

-Alegría.

-Sorpresa.

-Ira.

-Tristeza.

-Asco.

-**Miedo.**

Todas estas emociones son muy poderosas, el miedo, bajo mi punto de vista, es el que más te puede condicionar.

Aprende a identificarlo y no dejes que llegue a su máximo esplendor: el terror.

No sé si conoces el cuento *Juan sin miedo*. Lo escribieron los hermanos Grimm hace ya algunos años, pero el mensaje es muy claro. Te lo voy a recordar rápidamente.

Una mañana, Juan se marchó de su hogar porque quería saber qué era el miedo. Era un niño valiente y estaba dispuesto a todo.

Después de mucho caminar, llegó a un pueblo cuyo rey había perdido su maravilloso castillo por culpa de un hechizo.

Todos los valientes que habían intentado recuperar los tesoros que se encontraban allí dentro, o habían huido o se habían muerto de miedo.

Juan fue a ver al rey y este le dijo que, si conseguía pasar tres noches dentro del castillo, el hechizo desaparecería, y compartiría los tesoros y se casaría con la princesa.

No dudó. No por el premio, sino porque pensó que esa era su gran oportunidad, ¡conocería el miedo!

Pasaron los tres días y ningún fantasma de los que vivían en el castillo, según se hablaba, ni ningún monstruo terrible lo asustaron.

Consiguió que el hechizo desapareciera y obtuvo su premio.

Tiempo más tarde, la princesa le regaló a Juan una hermosa pecera, repleta de peces de colores. Juan dormía. Cuando la princesa se acercó a la cama, tro-

pezó y el agua y los peces cayeron encima de él, haciéndole gritar de auténtico terror.

Por fin sabía lo que era el miedo, y todo gracias a la princesa y a un simple remojón.

> La moraleja de este cuento es que todos, **absolutamente todos, tenemos algún miedo. No temas admitirlo, ¡nunca!, acéptalo como algo que forma parte de ti.**

Tú y yo vamos a superar ese miedo para que tu vida sea mucho más fácil, y así poder apoyarte con firmeza en la otra gran emoción básica: **EL AMOR.**

El miedo a la muerte, a perder el dinero que ya tienes, a la enfermedad, a las críticas de tu entorno, al desamor, a la vejez, al fracaso…,puede condicionar tu vida.

Desde pequeños nos han educado en una cultura en la que todos tenemos que ir en fila recta, siguiendo unas mismas normas de educación (que varían dependiendo de cada país), unas tendencias de moda, nos dicen qué carrera debemos estudiar, qué alimentación seguir para ser personas saludables…y, en un momento determinado, alguien da nuevas directrices y ¡todos a una, como si no tuviéramos cerebro!

¡Creencias, esas horribles creencias limitantes!

Si no sigues esas directrices, la sociedad que te rodea tiende a juzgarte, y entonces te asaltan las dudas, esos terrores tan tuyos de los que hemos hablado antes.

Es curioso… no te gusta, ¿a que no? Ni a ti, ni a mí, pero lo único que hacemos es quejarnos una y otra vez, y no intentamos cambiar eso que nos disgusta, culpando a los demás de todo lo que nos pasa en muchas ocasiones.

Nada más lejos de la realidad.

No te das cuenta de que tú diriges tu vida en todo momento, aunque te parezca que no es así.

Es la típica frase de:

—Mira, ¡ya hemos arreglado el mundo!

Pero todo sigue igual de gris, día tras día, y cada vez todo es más oscuro.

Tengo una buena noticia: detrás de ese miedo, si lo superas, está lo mejor, lo que te dará más satisfacciones. Solo tienes que echarle valor.

¡Actúa!

¡Afronta tus problemas!

Durante toda tu vida irán apareciendo miedos, pero para ser tú mismo y ser inmensamente feliz, te invito a que leas los consejos que te voy a explicar y que los pongas en práctica.

A mí me han cambiado la vida y sé que a ti te van a ayudar.

Para empezar, da el primer paso…

1

¡HAZ ALGO AL RESPECTO, MUÉVETE!

"La inacción cultiva el miedo. La acción cultiva la confianza y el valor. Si usted quiere conquistar el miedo, no se quede sentado en casa pensando acerca sobre este. Salga y ocúpese".

Dale Carnegie

H az que suceda sin mirar atrás, ya que tú eres el creador del guion de tu vida.

No te lo pienses ni un segundo, sigue tu intuición, esa que en ocasiones te habla y ni escuchas. Esa es tu alma, la voz de tu corazón. Te susurra lo que de verdad anhelas y no tiene nada que ver con tu mente.

¿Cómo reconocerla?

La intuición es algo parecido a un chispazo que va más allá de la lógica.

¿Alguna vez te ha pasado que, en el último momento, has decidido no hacer lo que tenías planeado, y a las personas que dejaste atrás, siguiendo el camino inicial, les ha pasado algo que no te hubiera gustado vivir? Seguro que sí.

Ya la has reconocido, no dudes ni un momento de ella.

Mantén la esperanza, ya que el resultado depende de ti y, con estos pasos, la felicidad plena va contigo de la mano.

Déjame decirte una cosa que he comprobado multitud de veces: **esos miedos no son reales en la gran mayoría de ocasiones.**

Durante años pude saber lo que era el menosprecio hacia mi persona, y al final me lo acabé creyendo.

Creí que no servía para nada, que era un cero a la izquierda, tenía mucho miedo a dar algún paso hacia delante, ya que algo dentro de mí me decía que no era capaz.

Todo era una patraña grabada en mi mente a base de repetición.

Rechaza las relaciones tóxicas o las responsabilidades que no debes asumir, tienes que ser inteligente y tomar las decisiones apropiadas en tu vida.

¿Sabes qué hice? Me alejé de esa persona que me estaba destrozando el alma y te aseguro que, aunque creas que no eres capaz de dar el paso, en el momento que necesitas fuerzas, estas aparecen de dónde creías que no estaban.

Hay personas que te pueden hacer sentir muy pequeñito si se lo proponen, tan pequeñito que hasta te hacen dudar de lo que eres capaz de ser o hacer en esta vida.

Llegué a caer enferma, muy enferma, con una depresión que no entendía. La depresión es la falta de esperanza, la convicción de que, hagas lo que hagas, no saldrá bien.

No tienes motivación, has acumulado angustias y tristezas en tu interior que, con el paso de los años, no has gestionado de la manera correcta y, al final, tu cuerpo las exterioriza irremediablemente.

Esa angustia no me dejaba comer, ni dormir, ni disfrutar de mi niña pequeña de dos años, y ella era lo que más quería del mundo.

Estuve con fiebre durante más de dos meses y ningún médico pudo ver indicios de enfermedad física alguna.

¡Todo lo estaba creando yo!

Está comprobado que más del 70 % de las enfermedades las creamos nosotros mismos internamente, sin darnos cuenta, con nuestros pensamientos y emociones negativas; y solo el restante 30% provienen del exterior realmente, en forma de virus, bacterias…

Era mi mente inconsciente, era mi alma atrapada que no podía respirar, ya que hacía algún tiempo que yo había dejado de quererme.

Con el tiempo, y trabajando mi interior, entendí muchas de las cosas que ahora te explico.

Tuve miedo, ya que tenía que romper con la vida que había construido hacía muchos años y moverme hacia lo desconocido, todo era incertidumbre a mi alrededor…

Recuerdo un día en el que alguien me lanzó una pregunta al aire, en medio de la desesperación:

—¿Dónde vas a ir tú, con hipotecas y dos hijos, quién va a querer estar a tu lado?

Y yo le contesté, en medio de un gran suspiro y con lágrimas en los ojos:

—¡A vivir!

Ese fue uno de los puntos de inflexión para cambiar mi vida, lo recuerdo como si fuera ayer y ya han pasado algunos años.

La gran mayoría de veces tomamos las decisiones importantes cuando estamos en una situación límite, en el momento que ya no podemos más. Hasta que no llegamos a ese punto, nos mantenemos en nuestra zona de confort.

¡No llegues a tus límites, reacciona antes y con todas tus fuerzas!

No puedo decir que en ese momento no sintiera miedo, por supuesto, pero lo puse todo en una balanza y me di cuenta de que la realidad que estaba viviendo no era la que yo quería, ni para mí ni para mis hijos, y que tenía que avanzar o me quedaría ahí para siempre.

Sabía que la vida era algo más.

Tienes que vivir plenamente y ser quién tú quieres ser, y eso es tan importante como respirar.

¡Camina por y para ti!

¡Corre por y para ti!

¡Baila por y para ti!

Y NO MIRES ATRÁS.

Si alguien de tu entorno no está conforme, apártalo de tu camino y vive a tu manera, ya que nadie te tiene que dar instrucciones de lo que has venido a hacer aquí, eso lo decides siempre tú.

Me dirás:"¡Qué fácil lo ves, Virginia!". Pues sí, te aseguro que pensarlo es más difícil que hacerlo, si tienes claro el camino a seguir. Dar el primer paso es lo más complicado, pero poco a poco, si no te detienes, encuentras tu camino. Nunca dudes de ti.

¡Comprobado con mi experiencia!

Los consejos son maravillosos siempre que sean enriquecedores para ti y para el resto del mundo.

<u>Los días pasan y solo nos llevamos puesto lo que hemos vivido.</u>

¿Qué edad tienes? Es probable que ya hayas pasado la mitad de tus días aquí, en este maravilloso mundo, así que decídete y cambia todo aquello que no te hace feliz.

Sé que suena un poco a utopía, e incluso puedes pensar que vivo en un mundo de fantasía, pero no es así.

En cuanto empieces a ver los cambios en ti, te darás cuenta del gran sueño que nos han enseñado a vivir desde pequeñitos. Ese sueño hace que estemos todos medio adormecidos y, de alguna manera, controlados.

Las grandes cosas empiezan con pequeños movimientos, pero <u>lo último que tienes que hacer es acomodarte y pensar que no tienes nada que hacer, porque eso es una mentira que se ha creado en tu mente para no salir de tu zona de confort.</u>

Rompe tus patrones y deja el victimismo a un lado, sin miedo.

Toda tu vida dará un giro.

Tú eres el responsable de lo que te pasa, asúmelo aunque no te guste. Si estás soportando de manera forzada algo que te desagrada de tu entorno, atente a las consecuencias, que no serán pocas.

Mirarás atrás y te arrepentirás de no haber hecho antes lo que siempre habías deseado.

<u>Nunca es tarde para hacer lo que de verdad anhelas, pero cuanto antes reacciones, mejor.</u>

Al final de tus días tienes que conseguir algo muy importante: hacer una valoración de tu vida y no arrepentirte del camino que escogiste, porque en ese momento ya no podrás hacer nada para mejorar las cosas, ahora sí.

¡Muévete ahora! No lo dejes para mañana.

¿Sabes con certeza si estarás vivo?

Lo que te estoy diciendo duele y es un poco radical, pero yo me comprometo contigo a cambiar poco a poco tu manera de ver las cosas, y con la constancia te aseguro que lo conseguirás

Confía en ti, <u>tienes todo lo que necesitas para vivir feliz</u>, te lo aseguro, solo tienes que encontrarlo y aprovecharlo.

"Dentro de veinte años estarás más decepcionado de las cosas que no hiciste que de las que hiciste. Así que desata amarras y navega alejándote de los puertos conocidos. Aprovecha los vientos alisios en tus veas. Explora. Sueña. Descubre".

Mark Twain

Escribir todo esto lo hago por motivación personal, ya que me gustaría construir contigo un mundo mejor, donde tú seas realmente libre y vieras que todos tus sueños se pueden alcanzar con ilusión, constancia y dándote el mejor de los regalos: la felicidad de vivir plenamente.

Por eso…

2

ÁMATE POR ENCIMA DE TODO

"A medida que empecé a quererme, dejé de
ansiar tener una vida diferente y pude ver que
todo lo que me rodeaba me estaba invitando
a crecer".

Charles Chaplin

Cada día oyes muchas, muchísimas voces que provienen de personas de tu entorno, que probablemente no saben gestionar sus emociones y lo único que hacen es intentar convencerse a ellas mismas (y a ti, por supuesto) de que el mundo que nos rodea no merece la pena.

Afirmaciones del estilo: "El mundo cada vez está peor", "No se puede confiar en nadie"... y más afirmaciones destructivas que ya sabes y no me apetece nombrarte.

¡NO ESCUCHES LAS VOCES DESTRUCTIVAS Y NEGATIVAS!

Toma distancia con las personas complicadas y mejorará tu salud emocional.

Ya sabes que el gusano siempre va a la manzana más sana, ¿verdad?¡Y se la come! Esa manzana se acaba pudriendo. Pues **no dejes que te coman los gusanos**.

A mí me funciona muy bien, te explico.

Hay personas cercanas a ti que lo único que hacen es absorber tu energía positiva, con sus malos pensamientos y malas experiencias, y están muy lejos de pedirte ayuda.

Solo expulsan por sus bocas toda la porquería que han ido acumulando durante meses, o quizá años... Siguen viviendo en un pasado destructivo, o quizá en un presente que carece totalmente de sentido.

No se dan cuenta de que nada de lo que hicieron va a cambiar, por más que lo expliquen o lo recuerden constantemente.

Seguro que alguna vez te ha pasado: estar en una conversación y querer huir, y pensar "Ya me lo has explicado muchísimas veces…y no puedo hacer nada al respecto". ¿A que sí?

Ese tipo de personas se sienten muy cómodas en ese rol, necesitan tu compasión, pero nunca tu ayuda.

Son víctimas de ellas mismas, ya que temen el cambio y no evolucionan.

Es muy difícil sacarlas de esa situación. Tienen que ser ellas las que deben reaccionar y tomar conciencia.

Tú no caigas en ese círculo vicioso, **enfócate en tu presente y observa las nuevas oportunidades que van a aparecer**, solo tienes que abrir bien los ojos y no caer en el hábito de caminar sin mirar a tu alrededor.

También existen las personas que necesitan hundirte a ti para sobresalir del resto de la sociedad, arrastrando lo que aparece en su camino, son las consideradas pedantes y, si no te amas lo suficiente, te harán cada vez más pequeñito, aunque eres inmensamente grande. Estas personas también son muy tóxicas.

¡Fuera de nuestras vidas!

De todo esto, y de los individuos tóxicos, te hablaré más adelante en mi libro *Saber amarte*, para que te puedas mantener bien alejado de ellos.

Rodéate de personas que te aporten.

Lo sé, parece egoísta, pero no lo es, te lo aseguro.

Solo se trata de quererte a ti mismo y saber lo que de verdad puede aportar positivismo a tu vida.

Debes ser la primera persona que esté allí cuando alguien lo necesite, acudir como si fuera la única opción que tienes en la vida, pero desaparece de esos círculos viciosos en los que no tienes nada que aprender y nada que aportar.

Valórate y crece cada día como persona, ya que cada momento que vivas tiene que aportarte algo positivo.

El entorno en el que vivimos suele estar contaminado con demasiada información que no es necesaria para ti, piénsalo por un momento...

Enciendes el televisor o la radio y te bombardean con sucesos vacíos, que solo te hacen pensar lo malo que es este mundo, ¡y no es así!

Nos presentan todo lo negativo de la sociedad, de la economía, del mundo laboral... y eso te hace ver la vida distorsionada, nos ensucian el pensamiento sin que seamos conscientes de ello.

La próxima vez que veas las noticias, analízalas, observa el número de titulares positivos que nos muestran. La realidad no es esa: cada día, miles de personas hacen grandes hazañas y mejoran el mundo, pero... eso no vende, ¿verdad?

¡Apaga el televisor y haz algo que de verdad te llene!

Hace tiempo que dejé de ver las noticias, te invito a que lo hagas.

Es maravilloso y, aunque te quieran hacer creer que es necesario saber cómo está el mundo, te aseguro que la información necesaria para ti ya te llega por otros canales.

Solo tienes que pensar en las cosas que de verdad te importan y no malgastar la energía de la que dispones. Las tienes claras, ¿verdad? Pues en eso tienes que centrarte.

Lo demás importa poco, o muy poco.

Dedícate tiempo de calidad, ya que no hay mejor cura que quererte y amarte cada día, ese tiempo es imprescindible, te lo explico en el siguiente capítulo.

Ahora piensa qué es lo que hace que te sientas verdaderamente feliz, sin que te sientas condicionado por tu familia o tus amigos, piensa solo en ti y permítete esos pequeños caprichos sin excepción.

No tienen que ser grandes cosas, pero mímate. **No te olvides de lo más importante: ¡TÚ! Si tú estás bien, todo lo que te propongas será mucho más fácil de conseguir y lograrás vivir plenamente.**

Por lo tanto:

-Céntrate en tus cualidades, no en tus defectos.

-Haz lo que te apasiona.

-Medita.

-Sé perseverante.

Vas a disfrutar de una vida de mucha más calidad, te sentirás feliz y realizado, y tus relaciones con los que tienes cerca reflejarán todos esos cambios.

3

DEDÍCATE TIEMPO, TE LO MERECES

"Un hombre que se atreve a perder una hora de su tiempo no ha descubierto el valor de la vida".

Charles Darwin

Vivimos en un mundo ajetreado, lleno de estrés, de exigencias propias y externas.

No eres del todo consciente de la cantidad de responsabilidades que cargas a tus espaldas y muchas veces te sientes desbordado.

Nos bombardean con la gran cantidad de información que nos llega a través de nuestro entorno, esa de la que hemos hablado antes, y más desde hace unos años, con las nuevas tecnologías. Sí, esas nuevas tecnologías que, aunque nos divierten, nos roban el precioso tiempo.

Cada vez te exiges más a ti mismo y seguro que en ocasiones te colapsas pensando en todo lo que tienes que hacer.

Pero…

Detente por un momento y ¡escucha a tu alma! Sí, tu alma.

Tu alma es esa vocecita que te habla de lo que de verdad tienes que hacer y que, en muchas ocasiones, pasa desapercibida.

Es la segunda vez que te la menciono, antes la hemos llamado intuición, pero mi intención es que lo interiorices y lo hagas.

Yo he tardado muchos años en darme cuenta y ser consciente de lo importantísimo que es para mí y que va a ser para ti.

Soy madre de tres hijos maravillosos, de once, siete y tres años. Trabajo fuera de casa, soy esposa, soy hija…pero siempre encuentro un momento para mí y si por un momento creo que es imposible, muevo cielo y tierra para conseguirlo.

Puedes caer en el tremendo error de pensar que necesitas más horas para hacerlo, pero es una mentira de tu mente.

> Lo único que tienes que hacer para dedicarte ese tiempo es organizarte y eliminar todos esos momentos perdidos que forman parte de tu rutina y que pasan desapercibidos, localízalos y deséchalos.

"El único obstáculo de la vida es la espera del mañana y la pérdida del día de hoy".

Séneca

LA HISTORIA DEL FRASCO DE CRISTAL

Un profesor estaba dando su clase cuando sacó de su cartera un frasco grande de cristal. Lo colocó sobre la mesa, justo al lado de unas piedras enormes, y entonces preguntó:

—¿Cuántas piedras creen que caben dentro de este frasco?

Después de escuchar las respuestas, lo llenó de piedras hasta que no cabía ninguna más. Acabada la tarea, preguntó:

—¿Creen que ahora está lleno?

Los alumnos lo miraron y afirmaron con gran convicción. El bote estaba lleno hasta arriba, era imposible poner alguna más.

Entonces sacó un recipiente con gravilla y la fue introduciendo hasta llenarlo nuevamente. Cuando acabó, volvió a preguntar:

—¿Les parece que está lleno ahora?

Algunos ya dudaron, pero volvieron a decir que sí firmemente.

El profesor se volvió a agachar y cogió una bolsa con arena. La arena se deslizaba entre los pequeños huecos de las piedras y demostró que sus alumnos estaban equivocados.

Cuando el profesor volvió a preguntar, los alumnos ya no contestaban tan seguros, empezaban a entender…

Entonces cogió una jarra de agua y la derramó sobre el frasco.

—Perfecto, ahora sí que está lleno —dijo el profesor—. ¿Qué conclusión habéis sacado de este experimento?

Uno de los alumnos se levantó y dijo:

—Que no importa lo llena de actividades que esté tu agenda, si te lo propones, seguro que puedes hacer muchas cosas más.

—¡No! —corrigió el profesor—. Lo que este experimento te enseña es que siempre tienes que colocar primero las piedras grandes y el resto después, que siempre encontrará su lugar.

Ahora analízate y piensa, tienes que conseguir identificar cuáles son tus piedras grandes.

Hazte una simple pregunta:¿te sirven para algo esas horas muertas que estás en la cama sin hacer nada, después de haber dormido las horas que de verdad necesitaba tu cuerpo?

Yo sé la repuesta: ¡NO! Eso se llama pereza y es uno de tus grandes enemigos.

No te dejes llevar por la vagancia, te vas a dar cuenta de todo el tiempo que malgastas en esa y otras muchas actividades.

No te estoy hablando de dejar de invertir tiempo en hacer cosas que de verdad te gustan, eso es muy necesario y la diversión es fundamental para ti.

Escúchame atentamente, **¡nadie te va a cuidar mejor que tú!**

Así que hazlo, tú sabes lo que necesitas en cada momento, si estás cansado, si estás contento, si estás triste…

Prográmate las tareas que tienes que hacer cada día y no te saltes ninguna.

Te aconsejo que hoy mismo te compres una agenda y apuntes tus obligaciones, así como la parte del día en que vas a dedicarte (aunque empieces solo con unos minutos)a hacer algo que te apetece.

Todo lo que empiezas tienes que acabarlo, no dejes nada a medias, sigue una rutina y, por supuesto, asegúrate de que lo que escribes en esas páginas no lo dejas para otro día.

Levántate temprano, valora tu propia compañía y dedícate esos mimos como si no existiera otra opción.

No es necesario que busques actividades para hacer

si no es lo que de verdad te apetece, simplemente aprende a respirar conscientemente, reflexiona, y obtendrás más claridad para pensar de la manera más acertada.

<u>Apártate del ruido exterior, desconecta del mundo por unos instantes, el momento es tuyo y solo tuyo.</u>

Está estudiado que, si hablamos de un adulto, lo ideal sería dormir unas siete horas, entonces ¡levántate de la cama y actívate!

Te voy a explicar una de mis rutinas matutinas que se salen de lo que se considera normal.

Yo, cada mañana al despertar, me repito delante del espejo lo maravillosa que soy, me recreo y me miro a los ojos.

Me da risa contártelo así, es un poco cómico, pero así lo hago justo antes de empezar mi nuevo día, ¿y sabes qué?

¡Funciona!

<u>Repítelo conmigo:</u>

<u>¡SOY MARAVILLOSO Y HOY VOY A DAR LO MEJOR DE MÍ PARA CONSEGUIR GRANDES COSAS!</u>

Al principio te puedes sentir un poco ridículo, es la falta de costumbre, pero con el tiempo es un ejercicio muy motivador.

Pruébalo, ¿tienes algo que perder?

Créeme, cuando empieces a dedicarte tiempo de calidad, tu vida será mucho más productiva, más amena, tu entorno empezará a ver cambios y, lo más importante de todo, ¡te sentirás mucho mejor, lo notarás!

RODÉATE DE GENTE POSITIVA

"Aléjate de la gente que trata de empequeñe-
cer tus ambiciones. La gente pequeña siempre
hace eso, pero la gente realmente grande te
hace sentir que tú también puedes ser grande".

Mark Twain

A las personas destructivas ya las has dejado atrás, ¿verdad? Ahora vamos a disfrutar de las confiables, de las personas transparentes y de mente abierta.

¿Sabes de qué tipo de gente te hablo?

Es esa gente que se cae y sin dudar se levanta, siempre camina hacia delante, ayuda a quiénes se encuentran en el camino y, aunque este sea difícil de recorrer, siempre lo hace con la mejor de sus sonrisas.

<u>Esa es la persona que tú has venido a ser.</u>

Pasa todo el tiempo que puedas con esas personas. Te las irás encontrando cada día, mézclate con ellas, aprende y comprobarás el efecto que eso tiene en ti.

Tienes que romper los ciclos negativos, así que: **ríe, sueña y disfruta del momento**, y entonces empezarás a pensar de manera similar, ya que por vibración todo se atrae.

La física cuántica nos afirma que la materia es prácticamente hueca, que está formada por átomos, que estos átomos están vacíos en su interior y que los electrones solo existen cuando se les observa.

Dependiendo de tu nivel de energía y la cantidad y calidad que irradias de esta, atraes a tu vida unas experiencias o unas personas en concreto. **¡Eres un imán!**

Por lo tanto, te sugiero que:

1. Escuches a tu cuerpo y le des lo que necesita, ya sea dormir, comer, pasear… él se encarga de avisarte de lo que tienes que hacer para sentirte con la máxima vitalidad.

   Aparecen momentos en tu vida de máximo dolor, ya sea por la pérdida de un ser querido, por una enfermedad… pero en esos momentos tienes que dejar que todo eso que sientes fluya, solo busca en tu interior cuál es el camino a seguir.

   Si alguien no comprende tu manera de afrontarlo, no te preocupes, no es tu problema. Nadie debe decirte cómo debes actuar.

2. Dedica el tiempo a quién tú quieras, no te condiciones bajo ningún concepto. Siempre que puedas, escoge a tus compañías y a tus amistades, ya que son grandes pilares en momentos importantes para ellos y para ti.

3. No te enfades con el mundo, si hay algo que no te gusta, deséchalo, cámbialo y, si crees que es imposible, puedes darle la vuelta. Mantén la esperanza y busca soluciones alternativas para poder superarlo.

"La vida es 10 % lo que te pasa y 90 % cómo reaccionas a ello".

Charles Swindoll

Ahora tengo esas ganas locas de vivir, esa sonrisa infinita en la boca, y la gente que no me conoce demasiado no entiende cómo puedo tener esa actitud ante la vida, pero yo sí.

Es verdad que **todos tenemos momentos difíciles**, en los que se te cae el mundo encima, eso es humano y no sería normal que no existieran, **la diferencia reside en cómo los afrontas.**

No te lo tomes como algo negativo, responde de manera positiva, ya que cuando lo hayas superado, verás que eres más fuerte y valorarás mucho más la felicidad.

Mis palabras mágicas son:

PERSEVERANCIA, ILUSIÓN Y ESPERANZA.

Nunca dejes de creer en la humanidad, ¡NUNCA!

En ocasiones te dirán que estás loco, que vives en las nubes…pero eso es lo que tienes que apartar de tu vida con firmeza. Esas personas únicamente quieren justificar la mediocridad de sus vidas.

"La vida es muy corta como para rodearse de gente que no es un aporte para ti".

Jeff Bezos

Esas son las personas tóxicas que nunca conseguirán sus anhelos del alma, ¡y tú sí!

Eres lo que superas, y cada desafío te hace más fuerte.

Si yo he aprendido algo importante en esta vida es que **TODO PASA POR ALGO Y PARA ALGO**, Y TIENES QUE DARLE LA VUELTA A LA SITUACIÓN.

Siempre se puede sacar el lado positivo de lo que

ocurre, aunque en ocasiones cueste lo suyo y requiera un esfuerzo.

SIEMPRE MERECE LA ALEGRÍA.

La gente positiva nunca habla mal de los demás, ¡eso se llama hipocresía!

Nunca debes confiar en alguien así, ya que no te dará la seguridad de una amistad sana.

¿Sabrías decirme si no lo haría contigo también? Seguro que ya te ha pasado en alguna ocasión.

Las personas construimos nuestro pequeño mundo y vas a hacer que el tuyo esté compuesto por gente que:

- Se esfuerza.

- Sonríe.

- Te contagia de positivismo.

- Entrega su tiempo a los demás y a sí mismo con pasión.

- Confía en sus ilimitadas posibilidades.

- Tiene grandes valores.

- Respeta a la gente y a su entorno.

Qué te quiero explicar con todo esto…

"El sol brilla más que sus sombras, pero algunos no ven más que sus sombras".

Arthur Helps

No dejes que nadie determine tu manera de ser o de actuar.

Nadie tiene que decirte si sirves o no sirves para hacer algo, tú solo tienes que dar tu máximo potencial sin que te lo exijan, solo hazlo por ti y nadie coherente te pondrá en duda.

"La mejor venganza es el éxito masivo".

Frank Sinatra

Tú, querido lector, <u>eres maravilloso, eres increíble, y solo tienes que ser tú mismo, rodeándote de la luz de las personas que sí cuentan y confían en ti.</u>

Todo el mundo tiene limitaciones que tenemos que trabajar y así poder cumplir nuestros sueños. Lo que pretendo transmitirte con esto es que te pongas las pilas, y trabájalas duramente con esa motivación que tienes medio escondida.

No lo dejes para mañana, el día para empezar a hacerlo es hoy, ya que no sabemos si el mañana estará ahí para nosotros.

Hace ya algunos años, una persona muy cercana a mí superó una enfermedad, que solo con nombrarla hace que pongamos el grito en el cielo: el cáncer.

Sí, digo superó, pero vivimos momentos muy duros y yo solo era una adolescente.

En esas circunstancias te das cuenta realmente de que todo tiene importancia en la vida, y que cada amanecer es un regalo que tenemos que aprovechar. No esperes a que la vida te dé un sobresalto y rectifica ahora lo que esté en tu mano.

La compasión no sirve para nada.

¡Hay que ir a por todas!

Debes vivir cada día con esa ilusión que tienen los niños pequeños, con esa magia tan especial que la sociedad nos ha ido apagando y que sigue viviendo dentro de ti.

5

VIVE TU PRESENTE

"Cuando te haces amigo del momento presente, te sientes como en casa dondequiera que estés. Si no te sientes cómodo en el ahora, te sentirás incómodo dondequiera que vayas".

Eckhart Tolle

S eguro que te sientes identificado con lo que te voy a contar ahora.

Un día de invierno caminaba hacia el trabajo, hacía frio y todavía no había salido el sol, no había nadie por las calles.

Eran las ocho de la mañana y, aunque tenía todo lo que podía desear en ese momento (un hogar acogedor, una familia que me quería, un trabajo estable y una seguridad económica relativa), yo me sentía triste, no me sentía realizada. Recuerdo ese momento como si fuera ayer, estaba desmotivada, no le encontraba el sentido pleno a la vida.

Hazme un favor, pregúntate a ti mismo ahora:

¿Te gusta lo que haces ahora?

¿Haces lo que amas?

<u>Es muy sencillo y gratificante hacer lo que amas, pero tienes que ponerle pasión también a lo que haces y no te gusta tanto.</u>

Yo sabía que no estaba siguiendo el camino correcto, pero siempre lo dejaba todo para otro día, mis ilusiones y mis deseos no los concebía como algo importante. Siempre encontraba alguna excusa que me hacía relegarlos para otro momento. ¿Te ha pasado esto a ti?

Te parece imposible o, mejor dicho, a tu cabecita totalmente esquematizada y programada le parece imposible que surja la idea de hacer algo que amamos en nuestro día a día por la falta de tiempo (que no es real), y dejamos por comodidad todo lo que no nos gusta para otro momento. ¡ERROR!

Mañana iré a caminar, mañana intentaré jugar más con mis hijos, mañana dejaré de fumar... y ese mañana nunca llega.

Eso sí, luego tienes un enorme pesar en tu interior, una culpabilidad que no te deja vivir, ya que sabes que no estás haciendo las cosas tan bien como las puedes hacer.

Un día, mi hija de diez años me dio una gran lección de vida: se acercó a mí y, con una mirada que rozaba la tristeza, me pidió que ese mismo día dejara de fumar y que jugara más con ella.

¡Reacciona!

Tu mente intentará engañarte poniendo fechas...

¿Verdad que siempre tienes un buen propósito para el año siguiente?¿Y cuántas veces lo has cumplido?

Piensas que, cuando llegue el 1 de enero, tendrás más fuerza para ir al gimnasio o para buscar un trabajo que te motive, pero no será así.

Aunque te cueste, **el momento para tomar decisiones es ahora. ¡Ya!**

No te entretengas por el camino y sé de esas pocas personas valientes que toman decisiones brillantes sin mirar atrás.

El pasado ya pasó, ahora cambia tu presente y tu futuro.

Siempre he dedicado mucho tiempo a la familia, ya que es una de las cosas más importantes de mi vida y que más me nutren como persona, pero, en ese día que mi hija se acercó a mí, me di cuenta de que el concepto que tenía yo del tiempo no era el correcto.

Llegas cansado del trabajo y lo único que deseas es una ducha y echarte en el sofá de tu casa, desconectar y, entonces, ¿qué haces?

¡Que vivan el televisor, el ordenador y todos esos aparatos que hacen que los niños y los adultos estemos más entretenidos!

Gran equivocación.

No tienes ganas de hablar con nadie y te pierdes dándole vueltas a esos pensamientos que tan mal te hacen sentir, sin compartir con alguien los momentos buenos que has vivido.

¿Estamos locos?

Yo, cuando era una niña, jugaba en el parque con mis amigos, daba de comer a los animales, recogía los tomates del huerto y, a veces, me caía jugando hasta destrozar alguna parte de mi cuerpo, ¿y sabes qué? ¡Era maravilloso! Seguro que tú tampoco te preocupabas de lo que harías unos días más tarde. ¿A que no?

Cada día me comprometo a pasar un rato de calidad con mis hijos, jugando, experimentando, miramos juntos cómo crecen las flores que hemos plantado en el jardín y les pregunto sobre sus batallitas diarias.

Vive momentos para recordar con las personas que quieres. Cuanto más lo haces, más gratificante es, pues el tiempo nunca más regresa.

Los niños tienen una gran virtud, dicen lo que piensan en todo momento, sin esos prejuicios que tenemos los adultos, y, a mi parecer, dan valor a las cosas que de verdad lo tienen.

Cambié gran parte de mis hábitos con mucho esfuerzo, aquellos adquiridos que me estaban destruyendo y que, sin darme cuenta, hacían que siempre actuara de la misma manera. Ese era uno de los motivos que no me dejaban evolucionar.

¡Cambia tus hábitos progresivamente y así cambiarás tus resultados!

Un buen rato con los amigos conversando sin mirar el reloj, compartir momentos de pasión con tu pareja…

Esas cosas, que tanto te hacen disfrutar, no las alejes de tu vida.

Cada día cuenta, disfruta de esos pequeños, pero grandes momentos que te regala la vida ahora, ya que **el presente es todo lo que tenemos.**

Existe una locución latina que literalmente significa 'aprovecha el momento', acuñada por el poeta romano Horacio y que debería ser una máxima en tu vida.

Carpe diem.

Imagínate por un momento que te levantas de la cama para ir a trabajar y te dan una terrible noticia: "¡Vas a morir mañana!".

¿Qué harías hoy si supieses que es tu último día de vida?

Es duro,¿verdad? Aunque no lo pienses a menudo, esto puede pasar realmente.

Nos han enseñado que la esperanza de vida es cada vez más larga, que no tenemos motivos para preocuparnos, tú sabes que te vas a morir algún día, pero lo ves como algo muy lejano.

Vuelve a hacerte la pregunta seriamente y verás la cantidad de actividades que llenan tu tiempo y que realmente no quieres hacer, las haces por costumbre, ni siquiera por obligación.

Tu criterio, sabiendo esto, cambia totalmente y tus prioridades son otras.

Cambia la forma de invertir tu tiempo. Debes continuar con tus responsabilidades, por supuesto, pero haz hoy también lo que de verdad te importa.

Aprovecha cada día para mostrar a las personas que quieres lo que significan para ti, y haced cosas juntos, disfrutando al máximo, compartiendo vivencias.

No esperes a que ya no estén a tu lado y sea demasiado tarde. Ellas siempre te apoyarán en tus decisiones, por eso...

6

¡ATRÉVETE, ARRIESGA!

"Al final importa una mierda si las cosas no salen como queremos. Porque vale más la cicatriz por valiente que la piel intacta por cobarde".

Bruce Lee

Hace mucho tiempo que lo sabes, sabes qué es lo que tienes que hacer para ser la persona más feliz del planeta, y solo piensas, piensas y piensas… te surge la duda de "Y si pasa esto, y si pasa aquello"…

Vuelves a encender el televisor y, cuando te cansas, miras hacia el techo. Solo pasan las horas, horas que nunca más vas a poder recuperar y que, si paras atención en ello y le buscas un sentido, verás que no tiene ninguno.

Todo lo que experimentas es enriquecedor, pero saber en qué proporción debes tenerlo en tu vida es muy importante, ¡me atrevo a decir que vital!

Conoces a personas que están siempre cansadas, debido a una jornada laboral extremadamente dura, o bien alegan que sus hijos los estresan, tienen que cuidar a gente de su entorno…

Esas personas se quedarán con la eterna duda de saber si podrían haber hecho algo mejor, ya que nunca lo intentaron, y esa actitud únicamente conduce a la tristeza.

<u>Tú no quieres llegar al final de tus días pensando que todo podría haber sido mucho mejor</u>, ¿a que no? Pues ahora es el momento de cambiar lo que no te gusta y apostar, a todo o nada, por esas cosas que dan sentido a tu vida. Tus pensamientos son los que te atrapan dentro de una jaula, pero no son reales.

¡Nunca es demasiado tarde para volver a empezar!

Piensa por un momento y saca tus conclusiones.

¿Crees que si esa persona tuviera dos trabajos, y de eso dependiera su vida para subsistir, no podría trabajar más horas?

¿Crees que si sus hijos no estuvieran con él, no los echaría de menos? Y probablemente proyectaría la culpa de su actitud a esa tristeza de no poder estar con ellos.

Yo, que tengo que pasar quince días, en ocasiones, sin mis dos hijos mayores, debido a una custodia compartida, personalmente te aseguro que, cuando no están a tu lado, te sientes vacío, tremendamente vacío; pero la actitud tiene que ser de fuerza, intentando llenar esos huecos con actividades que te hagan feliz.

Todo pasa y todo llega.

Hay momentos en los que quieres descansar y no puedes, pero la vida te pone en el camino todo aquello que te hace crecer y aprovecharlo es tu mejor opción.

¿Qué te quiero decir con todo esto? Que no seas cobarde, ¡arriesga!, ya que en muchas ocasiones no tenemos muchas cosas que perder y, al menos, lo hemos intentado.

¡Miedos fuera!

Que la tristeza no te haga llorar, llora por haber intentado algo, y que ese algo, aunque te haya supuesto un esfuerzo inmenso, te haya hecho superarte.

Haz que te mueva la ilusión por conseguir tus verdaderos sueños.

Esas lágrimas, en breve, te harán sonreír.

"El éxito es caer siete veces y levantarte ocho".

Proverbio japonés

Te voy a explicar un ejemplo de superación que seguramente conoces.

Bill Gates es una de las personas más ricas del mundo y dona gran parte de su fortuna a actos caritativos.

Empresario, informático y cofundador de la empresa de software Microsoft, junto con Paul Allen.

Él también se arriesgó. En el año 1976 abandonó la carrera que estaba estudiando en Harvard y lo dejó todo.

Se trasladó a Alburquerque para trabajar por su sueño: montar su propia empresa.

Si él no hubiera tomado esa decisión, todo hubiera sido muy distinto, ¿no crees?

Él empezó con una ilusión, y hoy el sistema operativo Microsoft Windows se está utilizando en la mayoría de ordenadores personales del planeta.

"No importa qué tan difícil sea lo que persigues, conserva ese sueño del primer día. Este te mantendrá motivado y te rescatará de cualquier pensamiento débil".

Jack Ma

Inténtalo tú también, sí, seguro que en tu interior siempre has tenido claro qué es lo que has venido a hacer aquí y, si no lo intentas, no sabrás nunca qué podría haber pasado.

¿Habrías conseguido una vida mejor económicamente?

¿Necesitarías despertador para levantarte cada mañana? ¿O te despertarías feliz por ti mismo, movido por tus ilusiones?

No te condiciones y confía plenamente en ti.

Imagina cómo quieres que sea tu vida y siéntelo como si ya fuera real, hazlo siempre que puedas y no tengas dudas.

7

NO DUDES DE QUIÉN ERES

"El placer de la vida es hacer lo que la gente dice que no puedes".

Walter Bagehot

T e propongo otro ejercicio práctico. ¡Venga, aní-
mate!

Solo tienes que coger un bolígrafo y anotar.

Todos estos ejercicios que te propongo tienen una fi-
nalidad, quiero que te impliques al 100 %. Solo leyendo un libro es más complicado que cambies tu forma
de pensar, pero si tomas la decisión de aprender de
cada consejo, caminas firmemente hacia tu evolución.

Dedícate cinco minutos para ti...eso que hemos comentado antes tú y yo.

Ahora apunta en este espacio destinado para ti, haz
una lista de solo cinco cosas a las que te has tenido
que enfrentar hasta el día de hoy, aquello que te ha
supuesto un esfuerzo y que has superado con creces.

No tienen porqué ser grandes cosas, solo tienes que
haberte sentido grande, poderoso. ¿Las recuerdas?
No lo dejes para luego, ¡hazlo ahora!

-

-

-

-

-

¡Muy bien!

Lo tienes, seguro que hay muchísimas más y, si no es así, es que tienes que escarbar un poco más en tu memoria.

Ahora analiza lo que has escrito en esa hoja.

¿Te das cuenta de todo lo que has superado y todo lo que eso te ha hecho avanzar en la vida?

Nunca subestimes lo que puedes llegar a lograr, no te dejes llevar por comentarios externos e intenta recordar a menudo cómo te sentías en esos momentos, cuando alcanzaste tus objetivos. Te sentías feliz y poderoso, ¿a que sí?

Hemos conseguido muchas cosas que damos por hechas y no nos damos cuenta del valor que en verdad tienen.

Todas esas experiencias que has pasado te han hecho crecer como persona, y es tu obligación moral tenerlas en cuenta y aprender de esos desafíos.

Voy a explicarte un claro caso de superación y de confianza en sí mismo:

Pablo Pineda Ferrerha sido el primer licenciado europeo con Síndrome de Down.

Además es maestro, presentador, escritor y actor español, entre otras actividades profesionales.

Fue galardonado con la Concha de Plata al mejor actor en el Festival Internacional de Cine en San Sebastián.

Pablo se graduó en Magisterio, y puedo imaginar que hubo gente que dudó de él.

En una entrevista, él aseguró que su truco para estudiar y lograr alcanzar su meta había sido memorizar todo en voz alta.

Ha hecho que la sociedad abra los ojos y que ahora nuestro sistema educativo sea más diverso.

Pablo siempre habla de "una sociedad con mejores valores, en la que la diferencia sea vista como un valor y no como un problema o un defecto".

Todo esto se plasmó en la película *Yo también*.

A mí me enseñó a no escuchar las voces ajenas y que cada desafío es nuestro, el cual tenemos que superar utilizando todos los recursos que tenemos a nuestro alrededor.

No hay problema sin solución, solo tienes que **creer en ti mismo** y mantenerte firme en tu propósito, aunque en ocasiones cueste.

No escuches a la comodidad y no te conformes con menos de lo que te mereces.

Hazme caso y consigue una agenda.

Planifica tu vida con las cosas necesarias que tienes que hacer sin excusas, tus obligaciones y también tus sueños. Apunta los pasos que tienes que seguir hoy para llegar a tu meta. Así siempre.

Ahora, no olvides esa agenda, llévala contigo y asegúrate de cumplir ese reto personal de hacer todo lo que te has propuesto. De esta manera, tienes tu vida más organizada y parte de esos miedos que comentábamos al principio se esfuman, desaparecen, y vas hacia el camino correcto, el camino que tú has elegido y que te lleva a disfrutar de la vida que deseas y tendrás.

Es así de fácil, pero tienes que ser constante y planteártelo como un juego.

Un juego en el que vas a ganar la partida sí o sí.

No existe otra opción.

8

JUEGA Y APRENDE COMO UN NIÑO

"El niño que no juega no es niño, pero el hombre
que no juega perdió para siempre al niño que
vivía en él y que le hará mucha falta".

Pablo Neruda

Mis hijos me enseñan grandes cosas cada día y no puedo estar más agradecida por ello. Tenemos que disfrutar y apreciar la inocencia de los niños, ya que, a mi parecer, es pura magia.

Su sensibilidad, su alegría y su espontaneidad son completamente puras y nosotros, como adultos, debemos cuidar sus sueños, sus sonrisas y sus ilusiones, ya que para ellos no son un objetivo, sino un maravilloso recurso.

Todos nosotros llevamos todavía dentro a aquel niño que fuimos algún día.

Te propongo otro ejercicio.

Levántate, deja el libro a un lado y busca una foto de cuando eras pequeño, una que te despierte ternura.

Hazlo en un lugar donde estés tranquilo y que nada te pueda molestar.

Obsérvala con cariño, con todo lujo de detalles.

Mira cómo ibas vestido, intenta recordar con quién estabas en ese momento y qué es lo que estabas haciendo.

Ahora cierra los ojos e imagina que ese niño está delante de ti y te mira a los ojos.

Si te cuesta, intenta dejar tus limitaciones a un lado y háblale, dile todo lo que en ese momento te hubiera gustado escuchar y observa que, con ese pequeño gesto, cada vez es más feliz.

No tengas prisa y recréate, ese niño eres tú.

Los años han pasado y tienes que prometerle que siempre estarás a su lado.

Ese niño jugaba, reía, cantaba sin miedo a que lloviera, corría sin miedo a caerse, no temía nada.

Esa tiene que ser tu actitud a partir de ahora.

<u>Te propongo que, a partir de ahora, lleves siempre contigo esa foto y que, de vez en cuando, te dediques a mirarla y a recordar esas experiencias que viviste.</u>

Si no tienes hijos no importa, solo tienes que observara los niños que ves en la calle o que son de tu familia.

Cuando salen del colegio y cuando conversan acaloradamente con algún adulto, defienden su propósito hasta el límite, con convicción, con ilusión. Esa es su verdad.

Tienen esa mirada sincera que todavía no ha sido contaminada por el sistema que nos rodea, y tienes que intentar no contaminarla tú tampoco con tus limitaciones.

"¡Te vas a caer!".

"¡Deja eso, que lo rompes!".

"¡Olvídate, eres pequeño y no puedes hacerlo!".

¿Te parecen familiares estas frases?

Los niños saben vivir, disfrutar de la vida y salir victoriosos de esas pequeñas frustraciones, ¡que para ellos son todo un problema!

No los limites, eso es clave para su aprendizaje.

Ellos buscan recursos bajo las piedras.

¡Déjalos libres! No ocupes todo su tiempo y así podrán dar rienda suelta a su imaginación.

Personalmente, me ha pasado alguna vez que alguno de mis tres hijos se ha acercado a mí, con esa carita de tristeza absoluta y me ha dicho con voz de desesperación:

—¡Me aburro, mamá!

Te aseguro que es entonces cuando me río internamente y pienso, ¡bien, ahora despertarás tu creatividad!

¡Juega y diviértete!

Es alucinante cómo, en un minuto, ya ha encontrado algo que hacer con cualquier cosa que pueda tener a mano.

Miro entonces de nuevo su carita y solo veo felicidad, entusiasmo, ganas de crear y de hacer cosas nuevas.

Entonces, aquella vieja caja de cartón que teníamos por casa deja de ser una caja de cartón para ser un coche con *superpoderes*.

Entonces se siente realizado.

—¡Soy el mejor, lo he conseguido! —Y vuelve a acercarse a ti para mostrarte aquel maravilloso logro surgido del aburrimiento.

Lo celebra, baila, canta, ¡y hasta lo enmarca!

Ahora me dirijo a ti, vuelve a mirar el mundo como si cada día fuese la primera vez, observa los detalles que normalmente te pasan desapercibidos y no pierdas la curiosidad.

> Encuentra a aquel niño que fuiste, todavía vive dentro de ti.

¡Crea, imagina y disfrútalo!

Como adulto que eres, busca cosas en tu mente que te diviertan, que te hagan disfrutar como cuando eras niño, no lo dejes para mañana, ¡hazlo ahora!

Te propongo que hagas otra lista como la anterior.

Cada día, coge una de esas cosas y ¡hazla! ¡Hazla! Y exprímele todo el zumo que puedas.

Vas a cambiar tu estado anímico y el tiempo se detendrá.

<u>Elimina de tu mente los condicionamientos, vive el presente.</u>

Disfruta de la vida haciendo lo que te apasione a ti, no al resto del mundo, y deja a un lado el qué dirán.

Disfruta de ese momento del día como si fuera el último y diviértete al máximo.

Vas a volver a soñar si lo integras dentro de tu rutina diaria.

9

¡NO ESCONDAS LA CABEZA BAJO EL ALA!

"Cuando hay una tormenta, los pajaritos se esconden, pero las águilas vuelan más alto".

Mahatma Gandhi

Existe en psicología un mecanismo de defensa que llamamos *mecanismo de negación*, con el que tú y todos los seres humanos nos enfrentamos a los conflictos, haciendo ver que no existen con todas nuestras fuerzas.

Detrás de esa actitud solo hay miedo, un miedo que nos limita y nos hace perder el tiempo. Párate a pensarlo ya que, cuando vuelves a la realidad, ese problema sigue estando ahí y te crea, en muchas ocasiones, una angustia más grande que al principio.

Tú vas a tener una vida mejor, así que debes superar tus desafíos y, cuanto antes empieces, más beneficioso será.

La vida no se trata de aguantar o de soportar heroicamente algo que no te gusta, así que supera esas situaciones límite ya.

Todo pasa por algo, aunque te parezca increíble.

Todo desafío tiene un sentido.

He conocido en mi vida, y tú seguro que también, a personas que desaparecen, dejándolo todo a medias porque no se sienten capaces; y muchas veces se apoyan en hábitos no saludables que las destruyen poco a poco, como el alcohol, las drogas o simplemente hinchándose a comer, para así poder llenar ese vacío que hay en sus vidas y que no ven la manera de canalizar.

Esa actitud no es de un ganador, el camino a seguir es muy diferente para alcanzar el cielo, para alcanzar esa vida que de verdad quieres para ti.

Con esa actitud, lo único que consigues es hacerte daño y entrar en un bucle que, aunque sí se puede salir, cada vez es más complicado. ¿Por qué? Porque si lo integras en tu forma de ser, eso se convierte en un hábito arraigado fuertemente a ti.

Sal de ese círculo y analiza los motivos que hacen que actúes de esa manera, tú puedes.

Tienes conflictos guardados en tu interior que es probable que ni recuerdes, pueden ser de tu niñez, de tu adolescencia… que te están condicionando como persona.

A mí me ha ayudado muchísimo, a sanar esos conflictos interiores, la meditación.

Cada día dedico un ratito de mi vida a conectarme conmigo misma y a dejar que todo fluya.

¡Tienes que probarlo! Comprueba cuántas cosas salen de tu interior que tenías escondidas y, si las trabajas como te diré más adelante, cada día te vas a sentir mejor y mejor.

<u>No te guardes la porquería, expúlsala fuera de ti lo más rápido que puedas y aprende de eso.</u>

Te diré cómo puedes hacerlo. Yo lo he hecho así y pueden ayudarte estas ideas.

Durante años, he escrito todo lo que me ocurría, siempre con papel y bolígrafo en mano, sin dejarme ningún detalle y, pasado un tiempo (no mucho), lo he analizado desde fuera.

Muchas de las cosas, pasado ese tiempo, no tenían ningún tipo de importancia, si lo haces, lo comprobarás.

Ahora, las que descubras que puedes mejorar, trabájalas para así intentar que no te vuelvan a pasar.

Nunca rectifiques ni tomes decisiones *en caliente*. Qué quiero decir con esto: que respires hondo, cuentes hasta diez y hagas lo que te pida el corazón, él nunca se equivoca.

> Cuando tengas un desafío delante de ti y te cueste llevarlo a cabo, lo primero que tienes que hacer es buscar la manera de superarlo y hacerlo lo antes posible.

Muchas veces me he sorprendido a mí misma poniendo al final de la lista eso que me hace esconder la cabeza, me da risa reconocerlo, pero es así y, cuando me doy cuenta, lo modifico porque, sino, mi mente nunca encuentra el tiempo necesario para hacerlo, nunca.

Ya verás lo libre que te sientes cuando te lo quitas de encima, es una sensación maravillosa y, si no lo haces, sigues todo el día dándole vueltas a la cabeza sin poder disfrutar del resto de cosas que están ahí para ti.

Tienes que ser valiente, **<u>¡eres valiente!</u>**

Imagínate solo por un momento que no hay otra posibilidad, que tienes que afrontar ese reto sí o sí porque (aunque suene fuerte), si no lo haces, no vas a volver a ver esa persona que más amas en el mundo, nunca más. Imagínalo seriamente.

Es duro, ¿verdad?

Entonces, todo tu ser intentará crear las posibles soluciones, los recursos necesarios para hacerlo y resolverlo de inmediato.

Esa es la actitud que tienes que hacer tuya. Debes actuar aquí y ahora.

Cambia completamente tu rutina diaria. Empieza poco a poco con pequeñas cosas que no tienen mucha importancia, y adóptalas como parte de tu *modus vivendi*.

Te voy a hacer una pregunta: ¿eres de los que haces la cama antes de salir de casa o defiendes la teoría de para qué hacerla, si vas a volver a deshacerla en unas horas?

Con esas pequeñas cosas tienes que empezar a practicar. No te dejes llevar por la vagancia, así te harás más fuerte para afrontar las situaciones que de verdad pueden ser más complicadas para ti.

Tú eliges en cada momento cómo afrontar tus retos, pero no lo hagas desde la comodidad, sino desde las ganas de superarte a ti mismo.

¡A por todas!

10

QUE TUS LÁGRIMAS SEAN DE FELICIDAD

"La risa es un tónico, un alivio, un respiro que per-
mite apaciguar el dolor".

Charles Chaplin

Ríete, ¡ríete hasta que no puedas más! Hazlo de ti mismo primero, y después de todo lo demás.

Si sonríes, cualquier cosa es mejor, sea lo que sea.

Te pongo un ejemplo muy concreto para que entiendas el motivo de esta afirmación tan rotunda.

Cada día te cruzas con muchísimas personas, fíjate en sus caras. Haz este ejercicio, te lo recomiendo.

<u>La sonrisa es ese gesto de alegría, de felicidad, que te deja ver el interior de las personas. Me refiero a esas sonrisas que salen del alma.</u>

¿Eres tú una de esas personas sonrientes?

La sonrisa es una de las "tarjetas de presentación" del ser humano y es innata, nadie nos ha enseñado a hacerla.

Te puedo decir que hay sonrisas que enamoran y sonrisas que irritan (las que puedes reconocer como forzadas).

Lo que tienes que conseguir es que la sonrisa salga verdaderamente de tu corazón, y eso se consigue siendo realmente feliz y trabajando cada día por y para ti.

Eres el tesoro más grande que tienes, así que cuídate y reconoce las grandes maravillas que te rodean.

Cuando yo empecé a aplicar todas las afirmaciones que te comparto en este libro, *Declárate en victoria*, cambié por completo.

Desde hace un tiempo, muchas de las personas de mi entorno me han preguntado cuáles son los motivos de mi eterna sonrisa, y yo solo les puedo decir que se debe a la <u>pasión que siento por la vida.</u>

Hay quién me entiende y me pide que le explique cómo he llegado hasta aquí, y hay quién cree que estoy rematadamente loca… pero eso me divierte.

Ten claro esto: nunca le vas a agradar a todo el mundo, y no pretendas hacerlo (eso sí que es de locos…).

Algunos estudios científicos han demostrado que la sonrisa libera serotonina, endorfinas y otros analgésicos naturales que produce nuestro propio cuerpo.

Por otro lado, hace calmar los nervios y ese horrible estrés que todos sufrimos, y reduce la presión arterial, entre otros efectos. ¡Reír te hace más atractivo! Y, lo mejor de todo, ¡te hace vivir más y mejor!

¿No es estupendo? Y físicamente tan fácil como mover unos cuantos músculos de la cara.

Todos tenemos problemas que debemos resolver, pero tú vas a encontrar la manera de hacerlo y que ese maravilloso gesto salga de manera natural y espontánea.

Vas a contagiar a la gente de positivismo y podrás ver cómo cambian ellos también sus expresiones, se relajan y todo es más fácil.

Sonríe siempre para mostrar tu agradecimiento.

Te propongo otro ejercicio: apunta cada día, antes de irte a dormir, tres cosas buenas que te hayan sucedido.

<u>Tienes que aprender a dejar de centrarte en las cosas negativas y potenciar las positivas.</u>

Con esas tres cosas tienes que haber sentido ilusión, placer o felicidad, ¡busca, las vas a encontrar! Y, si no es así, cuando te levantes de la cama al día siguiente, haz lo que sea necesario para poderlas escribir por la noche.

¡Aunque te cueste, muévete!

Son esas pequeñas cosas, dales valor y no las menosprecies.

¡Muy bien! Una vez las tengas, disfrútalas en tu recuerdo como si las volvieras a vivir. Es mágico.

Poco a poco, tu manera de pensar va a cambiar y dejarás atrás el pesimismo.

Cada vez es más fácil.

Quiero aclararte una cosa muy importante: ser feliz no es ser feliz siempre.

Todos tenemos momentos en los que estamos tristes, irritados, y no nos sentimos bien con nosotros mismos, todo eso es humano, pero hay que aprender a cambiar el foco de atención.

Para modificar ese foco de atención, primero debes intentar ser muy consciente de tus pensamientos, es decir, si en alguna ocasión te sorprendes enfadado, triste o agobiado, busca el motivo y encuéntralo.

Si necesitas llorar de verdad, o sacar esa rabia que hay dentro de ti, hazlo, nunca lo guardes; pero sé consciente de ello y déjalo salir, no desde el victimismo, sino desde el corazón, desde las ganas de superación.

Una vez lo localices, piensa si eso que ha sucedido es de verdad un problema para ti, o simplemente ha sido una situación conflictiva que no te produce ninguna dificultad importante (normalmente es así); y, por último, decide firmemente dónde quieres poner tu atención.

Busca cualquier otra cosa que no te cree un conflicto y que te aporte algo positivo, para así, después de un rato, poder analizar la situación sin tener los sentimientos a flor de piel.

En algunas ocasiones no encontrarás el motivo de tu cambio de estado de ánimo, ya que vives tu rutina a un ritmo muy rápido, pero si de verdad te sorprendes en esa situación, saca inmediatamente a tu mente de ahí y no te lo pienses ni un segundo.

Ayer hablaba con un cliente en mi trabajo y aprendí una lección que no tiene precio, ¿y sabes qué? De la manera más tonta.

Te la cuento.

Ahora es verano, 30 grados a la sombra, y se acercó a mí, seriamente, un caballero que creo, por la expresión de su cara, que no estaba pasando por su mejor momento. Empezó quejándose del calor del verano…

—¡Inaguantable!—decía.

Pero cuando le hablé de lo positivo del invierno, para cambiar el rumbo de la conversación, ¡también se quejó del invierno! Todo eran quejas.

Me di cuenta de que esa persona, siempre que viene a verme, se queja de algo.

—¡Qué injusta que es la vida!—decía.

Centrado en las cosas que no le gustan, había entrado en ese círculo vicioso que te decía antes.

La negatividad era parte de su vida.

Tú no vas a ser de ese tipo de personas.

11

DI NO, PON LÍMITES

"No dañes tu alma aceptando cosas que en verdad no quieres. Así, además conseguirás alejar a las personas que solo están a tu lado para beneficiarse de tu persona".

Virginia Ortega Langreo

Es muy importante. Cuando hagas esto, necesito que te sientas bien contigo mismo y no dudes ni por un momento.

Confía en ti.

No permitas que la gente que te rodea utilice artimañas para llevarte a su camino. **¡Di "Basta"!**

Estas personas te explicarán sus motivos, intentarán convencerte para que así hagas lo que ellas necesitan y utilizarte.

No cedas, sé fuerte y siempre, siempre, haz lo que tú sabes que es lo correcto y quieres.

No intentes complacerlas a ellas, sino a ti.

Si siempre has sido de esas personas complacientes que buscan la aceptación de los demás, empieza a decir no a las cosas pequeñas y, a medida que lo vayas haciendo, irás aprendiendo a no sentirte culpable.

En ocasiones tendrás que justificar tus razones, ya que todos tenemos responsabilidades, pero en otras no será necesario.

Te darás cuenta de que realmente no pasa nada y que toda esa película que has creado en tu mente no es en absoluto real.

Nunca des excusas.

Poner pretextos es la manera fácil de resolver el problema momentáneamente, pero, con el tiempo, cada vez la situación será más difícil.

> Si dices de verdad lo que sientes y esa persona te aprecia, te respetará. Si no es así, irá en busca de otra persona a la que *exprimir*, y tendrás un problema menos con el que lidiar.

La primera vez no te saldrá fácilmente la palabra *no* de la boca, es más, es muy probable que aparezca un sudor frío en tu cara, pero en cuanto aprendes a respetarte, es muy gratificante, y además puedes ver en sus caras el gesto del respeto.

Si no pones límites desde el principio en cualquier tipo de relación, ya sea de amistad, amorosa o laboral, cada vez será más complicado hacerlo, ya que la persona ha asimilado tu rol de *sumiso*.

En tu entorno es muy probable que hayas conocido a alguna pareja en la que uno es el *dominante* y el otro es el que acata todo lo que el primero dicte, aunque con resignación.

Cada día, desde el inicio de la relación, se han ido aguantando cosas que no eran para nada positivas, ni para uno ni para el otro.

Uno de ellos no ha querido decir *no* cuando debía hacerlo, ya sea por miedo, por complacencia o por comodidad; y llegó un punto en el que no queda nada de ese amor inicial.

Si una persona te quiere de verdad, te va a respetar tal y como tú eres, con lo bueno y con lo malo, y créeme, si no es así y no acepta tus *nos*, cuanto antes desaparezca de tu vida, mejor.

Te puede costar tomar una decisión tan radical, pero si eres valiente y aceptas tu situación, más tarde aparecerán de nuevo amistades enriquecedoras, relaciones maravillosas y un sinfín de experiencias que ni siquiera has llegado a imaginar.

<u>Si rompes con las relaciones en las que estás estancado, luego resurges con más fuerza y atraes a tu vida todo ese positivismo que no tenías, ya que también estará en tu interior.</u>

De todo esto te hablaré en profundidad en mi libro *Saber amarte*, y te enseñaré a construir una relación prometedora que te hará vivir esa intensidad del compartir la vida con quien quieres.

Solo tienes que pensar en la gran cantidad de personas que en algún momento de su vida dijeron "No" y, gracias a eso, hemos conseguido un mundo mejor.

Cállale la boca a la gente que no te respeta, sé contundente y di "¡No!". Dilo con todas tus fuerzas, aunque tengas miedo, y luego sigue tu camino, no te dejes acobardar.

Hay millones de personas en el mundo y seguro que encontrarás lo que te mereces, y lograrás construir relaciones extraordinarias, pero sobretodo respétate tú primero y busca lo que de verdad tu corazón anhela.

Sé sincero contigo mismo…

12

NO TE MIENTAS NUNCA

"Por encima de todo, no te mientas a ti mismo. El hombre que se miente a sí mismo y escucha su propia mentira llega a un punto en el que no puede distinguir entre la verdad dentro de él o alrededor de él, y así pierde todo el respeto para sí y para otros. Y, no teniendo respeto, deja de amar".

Fiódor Dostoyevski

Es muy fácil mentirte a ti mismo, más que mentir a los demás, y las repercusiones son mucho peores.

Cuando mientes a otros, solo corres el riesgo de que tu palabra nunca más sea ley, pero si te mientes a ti mismo, llegará un momento en el que nunca más te creerás y, por mucho que intentes hacer algo, no lo conseguirás. Toda esa información queda en el subconsciente.

Un ejemplo es dejar un hábito como el tabaco. Si no lo hiciste la primera vez y buscaste justificaciones, cada vez te será más difícil, y no precisamente por la dependencia física, que también es importante, sino por tu mente.

Te sueles poner excusas, ¿verdad? Excusas que se pueden parecer a estas:

-"Ahora no es el momento".

-"Aquel tiene más recursos que yo".

-"Mañana tendré más energía".

-"La vida que llevo ya está bien así".

-"No tengo tiempo".

Hay millones de excusas que te cuentas a ti mismo cada día, pero que solo te están limitando. Son patrañas.

Pequeñas mentiras que te están haciendo más daño del que imaginas.

Hace unos días hablé con una persona de mi entorno que siempre se queja de no tener tiempo suficiente para tomarse un café conmigo y ver a mis hijos.

Le di una sorpresa y le dije que tendría todo el día siguiente disponible, que lo pasaríamos en grande, que por fin pasaríamos horas charlando.

Me dijo que sí.

Yo estaba feliz, ya que esa persona tampoco tenía un horario ocupado ese día.

La llamé por teléfono la noche anterior para marcar una hora y entonces todo eran excusas…

—Tengo que acabar de hacer una cosa en casa, no podré ir —me dijo.

Le comenté que, si quería y le apetecía, podíamos quedar a cualquier hora.

La llamé a las once y media de la mañana del día siguiente, y todavía estaba en la cama durmiendo o descansando.

Por la noche le pregunté si había terminado eso que tenía que hacer, y ni lo había empezado.

Qué te quiero decir con todo esto: siempre hay que respetar al otro porque no sabemos qué experiencias ha tenido en su vida para reaccionar así, pero también aprendí una gran lección, esa persona solo me daba excusas y ahora ya no me tengo que sentir culpable si no tomo un café con ella, aunque me diga que no tengo tiempo y que la tengo abandonada.

Al final tú decides sobre tu vida y lo que quieres vivir. Tienes que ser sincero contigo mismo.

¿No te pasa a ti que, si haces caso de esas vocecitas derrotistas, cada vez estás más frustrado?

Es lógico, pero te diré lo que tienes que hacer.

Primero, no busques apoyo en esos amigos o conocidos, contándoles las mismas historias que te has contado tú, ya que te van a dar la razón y vais a caer en el victimismo.

Y segundo, si de verdad quieres algo en tu vida, no buscarás mentiras o excusas, vas a por ello con todos los recursos que tienes y, si no los tienes, te las ingenias para encontrarlos.

Lucha por lo que quieres de verdad hasta que no puedas decir que no lo has intentado todo y te aseguro que las probabilidades de que lo consigas aumentarán considerablemente, pero no te quedes quieto contándote historias que en verdad no existen.

Esto es lo que debes hacer siempre para disfrutar de una vida comprometida y plena.

13

DESAPRENDE

"Los analfabetos del siglo XXI no serán aquellos que no sepan leer y escribir, sino aquellos que no puedan aprender, desaprender lo aprendido y volver a aprender".

Alvin Toffler

Esta idea no hace referencia a las horas y horas que hayas pasado estudiando, leyendo libros o haciendo cursos, no tiene nada que ver con eso.

Verás, existen creencias limitantes que tenemos totalmente integradas en nuestro subconsciente, las utilizamos cada día sin darnos cuenta.

Nos hemos acostumbrando desde muy pequeños a que nos digan cómo se hacían las cosas, y nosotros hemos absorbido como esponjas toda esa información sin plantearnos si eso es lo correcto o no lo es.

Te pondré un ejemplo científico: Aristóteles creyó que la vida no surgía ni de una semilla, ni de un huevo, sino que podía nacer de materia inanimada, como de una piedra o del barro, pero solo cuando se exponía a la luz del sol. Más pensadores de la época apoyaron esta teoría, pero Pasteur demostró, gracias a un microscopio, que eso no era así.

Este ejemplo es ya de hace algunos años, concretamente del siglo XIX, pero la idea que te quiero transmitir es muy clara: <u>no todo lo que creemos saber es lo correcto</u>.

En algún momento de tu vida hiciste algo de una manera determinada y salió bien. Tu mente ya no se planteó cambiar eso y siempre actúa de la misma forma, por repetición.

Lo que me gustaría que entendieras es que no es simplemente un borrado de tu mente, tienes que cambiar la manera de actuar que te ha acompañado desde que tienes uso de razón, poco a poco, creando nuevas prácticas, engañando de alguna manera a esa cabecita tuya.

Para poder dejar un mal hábito, una técnica que a mí me ha funcionado es asociarle dolor de alguna manera.

Cada vez que me gastaba el dinero en cosas ridículas, quitaba la misma cantidad de lo que tenía guardado para mis vacaciones, que de verdad me hacían ilusión.

Eso me causaba dolor y antes de desperdiciar ese dinero, con el tiempo, mi mente me hacía tener dudas sobre el error que iba a cometer.

> Si no modificas tus patrones de comportamiento, es muy probable que se repitan una y otra vez las circunstancias que ya has vivido anteriormente. Por ejemplo, si habláramos de relaciones podrías volver a repetir los mismos errores con otras personas ¿Me explico?

Solo tienes que seguir unos pasos.

Vuelvo al ejemplo del niño pequeño que quiere algo. ¿Qué hace para conseguirlo? Llora, llora y vuelve a llorar, incluso se tira al suelo pataleando hasta que los adultos cedemos y él consigue lo que quiere.

Con el paso del tiempo, ese niño evoluciona y, poco a poco, se da cuenta de que esa manera de comportarse es cada vez menos efectiva, entonces es cuando cambia su actitud para resolver el problema de otro modo.

¿Verdad que tú ya no tienes pataletas?

Tienes que hacer un esfuerzo y analizarte, desprogramarte.

¡REINVÉNTATE!

Revisa tus creencias y substitúyelas por otras que te ayuden a evolucionar.

El mecanismo es el siguiente:

1. <u>Aprender.</u>

"En tiempos de cambio, quiénes estén abiertos al aprendizaje se adueñarán del futuro, mientras que aquellos que creen saberlo todo estarán bien equipados para un mundo que ya no existe".

Eric Hoffer, escritor y filósofo estadounidense

2. <u>Desaprender.</u>

No pretendo bajo ningún concepto que elimines todo lo que has aprendido, sino que esas ideas que tienes grabadas a fuego no te aten.

Seguro que te has sorprendido alguna vez diciendo:

—¡Esto siempre lo he hecho así y es lo correcto!

Cuando caes en ese razonamiento, estás perdido…

O esas personas que antes de que acabes de decirles una frase, ya te han interrumpido diciendo:

—¡Lo sé, lo sé…! —Con esa cara de haberlo experimentado todo en la vida…

Siempre, siempre, para poder aprender cosas nuevas hay que poner en duda todo lo que ya sabemos, al igual que para llenar un vaso de agua, antes tiene que estar vacío, ¿verdad?

3. <u>Reaprender.</u>

Entonces ahora vuelves a interesarte por la vida, por aquellas cosas que antes eran evidentes para ti, y empiezas a descubrir que ya no lo son tanto.

Ponte en serio, querido lector, porque hay mucho por aprender de cada experiencia y poco tiempo para poder hacerlo, ¿no crees?

Te voy a poner el ejemplo del victimismo que seguro que tú también tenías bien integrado.

Conocí a una persona que trabajaba para una empresa, la cual no trataba correctamente a sus trabajadores, incluso se saltaba la ley en muchas ocasiones.

Ese chico tuvo un hijo y no pudo disfrutar de sus días de permiso para estar con su familia, más adelante se casó y el proceder de la empresa fue el mismo, además, su superior tenía una gran facilidad para hacer creer al trabajador que era indispensable y que tenía que estar agradecido con ellos por estar en el lugar que estaba.

Las creencias limitantes, en este caso, le decían a este chico que aguantara, que era muy difícil encontrar otro trabajo y que no se complicara la vida, eso sí, siempre desde el punto de vista del victimismo.

¡No! Rompe con esa manera de pensar.

No debes paralizarte, busca un trabajo mejor que, aunque también te digan que es difícil, está ahí si no paras de buscar, y tú lo vas a encontrar.

Lo que no debes hacer es quedarte sentado a ver si aparece algo mejor en tu vida, tienes que salir a buscarlo, ya que quien no busca, jamás encontrará.

Aprende esto y te digo que, en muchas ocasiones, <u>después de retos como este, aparecen mejores oportunidades.</u>

LA FÁBULA DEL BURRO Y EL POZO

Un buen día, el burrito de un campesino cayó dentro de un pozo.

El animal estaba asustado y triste y no sabía qué hacer, lloró y lloró hasta caer agotado, mientras que el campesino intentaba sin éxito sacarlo del profundo agujero.

El campesino se rindió y, al ver que era imposible, decidió tapar ese pozo seco y dejar enterrado sin más al pobre burrito, justificándose porque lo veía ya viejo.

Avisó a todos sus conocidos para que vinieran a ayudarlo y, entre todos, empezaron a tirar tierra dentro del pozo.

El burro lloraba y lloraba, viendo lo que esa gente pretendía hacer con su vida, pero de pronto se tranquilizó.

Después de unas cuantas paladas de tierra, el campesino miró al fondo del pozo y quedó totalmente sorprendido por lo que estaba viendo. ¡No se lo podía creer!

El burrito, con paso firme, subía sacudiéndose la tierra que le caía encima. Así, incesante, consiguió llegar hasta la boca del pozo y salir con sus propias patitas.

Moraleja: la vida va a tirarte tierra encima, pero sacúdetela y busca la salida, ya que todo sucede por algo. Cada uno de los problemas a los que te afrontas es un gran paso hacia arriba.

Todo pasa por algo en tu vida.

No te conformes con lo mediocre, pensando que todos los trabajos son así o que con la edad que tienes es difícil encontrar algo mejor, ESO ES TODO MENTIRA, ¡DESAPRENDE Y SUPÉRATE!

Esto que te he explicado es solo un ejemplo para que tú puedas hacer el ejercicio.

Cada vez que aparecen en tu mente esas justificaciones, hazlas desaparecer y busca soluciones hasta encontrarlas.

Vacía para dejar entrar, abriendo bien tus ojos.

Mantente receptivo a cualquier idea nueva que aparezca, por extraña que la veas, y vuelve a ser una esponja sin prejuicios.

Tus barreras desaparecerán.

14

AGRADECE

"Cuando tu corazón está lleno de gratitud, cualquier puerta que aparece cerrada puede ser una apertura para una bendición mayor".

Osho

P or favor, te voy a pedir una cosa que es vital para tu transformación y quiero que la hagas: **da gracias a la vida.**

Puede que no seas consciente de la suerte que tienes. Probablemente has nacido en un país maravilloso, con gente a tu alrededor que te quiere, tendrás agua potable cerca de ti, habrás recibido una educación, aunque sea básica, y sobretodo tienes la suerte de despertarte cada mañana, abrir los ojos y volver a empezar.

El ser humano, la gran mayoría de veces, necesita un gran sobresalto que le haga reaccionar para tomar conciencia sobre eso.

Te hablo de una enfermedad, un accidente de coche o situaciones que de verdad hagan que le veas las orejas al lobo.

No esperes a que llegue ese momento y agradece desde hoy todo lo que tienes, que no es poco, piénsalo.

Siempre existirán desafíos que tendrás que superar y que en ocasiones no te dejan avanzar, pero todo eso, al final, trae bendiciones como consecuencia.

Intenta ser fuerte y apóyate en los que de verdad te quieren.

Cuando estés en esos momentos de dificultad, mantente firme, no estás solo. Muchas personas han pasado por lo que has pasado tú y lo han superado.

¿Porqué tú no vas a hacerlo también?

Sé que no es fácil, pero lo puedes conseguir y lo vas a conseguir.

Yo caí en lo más profundo con la depresión y la ansiedad, sentía que me moría y los médicos me etiquetaron como enferma, recetándome, con toda su buena voluntad, una medicación que lo único que me hacía sentir es que estaba en otro mundo, en el mundo de los sueños, ya que no podía dejar de dormir y de llorar.

Además, tenía dos hernias discales y me recomendaban su operación, pues en varias ocasiones me dejaron postrada en cama días y días.

Te puedo afirmar que, a día de hoy, una hernia ha desaparecido por sí sola y, cuando noto que la espalda me avisa, bajo un poquito el ritmo y en dos días estoy como nueva.

La doctora Suzanne O'Sullivan escribió el maravilloso libro *Todo está en tu cabeza* (2016), en el que explica cómo gran parte de nuestras enfermedades son psicosomáticas.

Tu mente en ocasiones crea síntomas reales de enfermedad, y tú no te das cuenta de que tu cuerpo te está avisando de que algo en tu interior no va bien.

La mente afecta directamente al cuerpo.

He tenido que vivir un divorcio tormentoso, porque elegí acabar con esa situación y pasé por juicios y más juicios, con todo lo que eso conlleva.

Hoy doy gracias a la vida, ¿sabes el motivo? Te lo explico.

Gracias a la depresión, me di cuenta de que yo había elegido vivir en un pequeño infierno, esa situación no estaba hecha para mí. Tenía que salir de esa situación de la manera que fuera.

Cuando padeces depresión y ansiedad no le ves sentido a la vida, nada te divierte y nada te hace sonreír. Te ahogas con tu propia respiración, ya que no encuentras la manera de que el aire entre a tus pulmones. No tienes hambre ni sed, y la única idea que te viene continuamente a la cabeza es que te estás muriendo. No sabes quién eres. Miedo, desesperación y vergüenza… así es como yo me llegué a sentir por no escuchar lo que mi corazón me susurraba continuamente. Aún hoy lo pienso y me emociono, no entiendo cómo pude estar así y no me reconozco, pero así fue.

Cuando cambié esa parte de mi vida, todos los males desaparecieron solos, nunca más he tenido que acudir a un médico para buscar apoyo psicológico, ya que el problema lo tenía yo, solo tenía reaccionar y hacer lo que de verdad quería. Estaba viviendo una situación insostenible y tenía que sanar mi interior para continuar.

Gracias a las limitaciones de salud que experimenté en ese momento, me cuido mucho más que antes y disfruto de un simple paseo con mi familia, ya que hubo un tiempo en el que no podía hacerlo.

Ahora hago natación, camino horas sin que ningún dolor me moleste y vivo como quiero vivir.

¡Tienes que romper tus cadenas!

Aprendí cómo hay que cuidar con constancia una relación para que sea lo más gratificante posible, y qué es lo que tienes que aceptar y lo que no de esa persona que has elegido para acompañarte en el camino.

Gracias a eso tengo hoy una familia maravillosa.

Por eso, digo **GRACIAS, GRACIAS, GRACIAS.**

<u>Cuando te hablo de agradecer no me refiero únicamente a que salga de tus labios la palabra mágica, eso no sirve de nada. Tienes que sentirlo en tu corazón y cambiar el enfoque de tus pensamientos poco a poco.</u>

Educamos a los más pequeños para que lo digan cada vez que, por ejemplo, se les hace un regalo, pero…

¿Les haces entender de verdad el significado de esa acción?

¿Crees que de verdad están agradecidos?

Tienes que reconocer en lo más profundo de tu interior lo bueno que te está pasando, sentirlo de verdad y, una vez lo hayas reconocido, hacérselo saber al mundo, a la otra persona o a ti mismo.

Cada vez que das las gracias, la magia surge en tu interior, pero debes dar las gracias desde tu alma, sintiendo de verdad que te han ayudado, y todo ese agradecimiento volverá a ti multiplicado.

¿Alguien de tu entorno te ha hecho feliz? Seguro que sí.

Díselo, no des por hecho que ya lo sabe y, entonces, muy probablemente también le harás feliz a él.

Hay personas que en su círculo más íntimo, debido a la educación que han recibido y a los roles que han adoptado, no son capaces de mostrar sentimientos.

De verdad, ellos se escudan en decir que no hace falta o que los otros ya lo saben, pero eso es una mentira inventada por tu mente para no romper ningún patrón.

¡Inténtalo! Y verás cómo cambia la expresión de sus caras.

A nadie le amarga un dulce, ¿no crees?

LA VERGÜENZA

"Si eres humilde, nada te puede dañar, ni los elogios, ni la vergüenza, porque sabes lo que eres".

Madre Teresa de Calcuta

Sientes que no tienes dignidad como persona y eso te hace creer que todo lo que estás construyendo no está hecho para ti, que no te lo mereces.

Es muy probable que te lo hayan repetido desde que eras niño, en algún momento de tu vida, y tú te lo has creído.

La gran mayoría de veces, esa vergüenza es la consecuencia de una baja autoestima que tienes que cuidar, y sale a la luz cuando quieres evitar de manera inconsciente que se produzca cierto rechazo por parte de los que te rodean.

Valora todas las cosas buenas que te ha dado la vida y poténcialas, no tengas miedo de quedar en ridículo e intenta tomártelo con sentido del humor.

Tú eres tan válido o más que cualquier otra persona.

No es fácil cambiar ese esquema dentro de ti, ya que normalmente son las experiencias que has vivido lasque te han causado algún tipo de trauma, que ni siquiera recuerdas y siguen estando ahí, diciéndote desde tu subconsciente que no eres merecedor de eso y que tú no puedes.

Todos hemos pasado por eso. Y aunque no es fácil, sí es posible superarlo.

A mí me hicieron creer que no servía para estudiar, que era una mediocre en la escuela donde estudié desde los ocho años. Esa era su manera de pensar, estoy convencida de que no me querían causar ningún daño, simplemente me encasillaron y yo me lo creí.

Mi motivación para prosperar con mis estudios era casi nula.

Más adelante cambié de escuela, y ¿adivinas? Esas limitaciones no existían, fui de las mejores de mi promoción.

Si trabajas unas pautas que te explicaré a continuación, esa vergüenza será tu compañera de viaje, no tu rival.

Ten claras dos cosas:

-Si te equivocas con una decisión que hayas tomado, no pasa absolutamente nada: rectificar es de sabios y, quien no juega, no gana. Así que, vuélvelo a intentar de nuevo, no te avergüences. Ten fe en ti.

-Intenta hacer lo que de verdad quieres hacer.

Me explico, si te quedas paralizado, dándole vueltas a tu cabecita a todas las cosas que te pueden pasar si no te saliera bien lo que te propones, nunca lo harás.

Lánzate e inténtalo, de esa manera te sentirás totalmente realizado y feliz.

15

CONÓCETE A TI MISMO

"Intenta conocerte a ti mismo. No permitas que otros hagan por ti el camino. Tu camino es solamente tuyo. Otros pueden caminar a tu lado, pero nadie puede caminar por ti".

Proverbio indio

¿<u>Sabes de verdad quién eres?</u> O te lo han dicho desde que eras pequeño y no te lo has llegado a preguntar.

<u>¿Sabes de verdad qué es lo que quieres?</u> O has escogido el camino fácil porque te vino dado…

Pregúntatelo, pero que nadie ni nada te condicione.

No tiene que importarte lo que piensa tu madre, tu hijo o tu vecino, ya que al final ellos escogerán su camino y tú el tuyo.

Yo tengo mi trabajo de cara al público y soy extremadamente feliz conociendo gente nueva de la que aprendo cada día, pero este trabajo me vino dado por influencias familiares, ya que mi padre trabajaba en el mismo sector y, aunque le estaré eternamente agradecida por sus consejos, no era lo que mi alma me estaba pidiendo.

MI ALMA GRITABA HACER LO QUE HAGO AHORA:

¡ESCRIBIRTE ESTAS PÁGINAS A TI PARA QUE SEAS UN POQUITO MÁS FELIZ!

Hace unos años no me escuchaba a mí misma, caminaba sin pensar, seguía mi rutina, ya que cada día era igual o parecido al anterior, y no me preocupaba por nada más.

¿Te ha pasado eso en alguna ocasión? Seguro que has tenido momentos y más momentos vacíos, que no te aportan absolutamente nada. Solo te dejas llevar.

Te voy a dar un consejo, invierte tiempo en descifrar qué es lo que de verdad te hace feliz: pintar, cantar, cocinar, educar…

Eso es lo verdaderamente importante y así, cuando caiga la noche y te vayas a dormir, te sentirás un poquito más realizado como persona, sabiendo que vas a vivir la vida enfocado en lo que realmente deseas.

No se lo tienes que preguntar a tu mente, ya que ella en todo momento intenta protegerte para buscar tu estabilidad, y así nunca cambiarás tu manera de enfocar la vida.

Habla con tu corazón.

Tienes que dejar atrás los condicionamientos y saber lo que eres tú de verdad, lo que tú sientes, sin prejuicio ninguno, seas lo que seas.

Podrás dejar atrás tus limitaciones, pero tienes que ir a la raíz, tienes que saber qué es exactamente lo que no te deja avanzar y transformarlo.

Antes ya te he hablado de la meditación y te confirmo que es una herramienta maravillosa para conectarte contigo mismo.

¿Conoces esta maravillosa técnica? La meditación es una práctica con la que entrenas la mente para conseguir un beneficio para ti. Puedes empezar controlando tu respiración poco a poco, hasta conseguir calmarla y que salga desde tu barriga, inhalando por la nariz y dejando salir el aire por tu boca. Únicamente concéntrate en ese rítmico movimiento durante unos minutos.

Con la meditación puedes trabajar tu relajación corporal y mental, reduces tu ansiedad, fomentas tu energía.

Es decir, entre otros muchos beneficios consigues una mayor paz interior.

Todos creemos tener bastante claro el tipo de persona que somos, ¿tú también? Solemos hacer siempre las mismas cosas.

Analízalo.

Cada mañana vas a la cafetería antes de ir a trabajar y pides más o menos lo mismo, lo que sabes que te gusta, haces un tipo determinado de deporte, vistes de una manera y no de otra, y creas así tu forma de ser y actuar. Con estas rutinas, la vida parece más sencilla.

Lo que no tienes en cuenta es que las personas cambian, tú lo haces continuamente.

Cambias poco a poco tus hábitos y no te das ni cuenta. Entonces, no te conoces realmente del todo…

Te propongo que te muevas en el tiempo.

Recapacita…

Hace tan solo diez años que no te levantabas a la misma hora que hoy probablemente, cuidabas tu alimentación de otra manera, e incluso tu círculo de amistades puede que sea totalmente diferente, pero tú te sigues llamando igual.

Si no nos trabajamos interiormente, esto nos llega a causar frustración, ya que llega un punto en el que no nos conocemos, estamos desubicados.

Te pongo un ejemplo: yo tengo treinta y ocho años y me encantaba, hace bastante tiempo atrás, ir a comprar ropa, perderme por las calles de mi Barcelona natal entre un mar de gente. Me volvía loca. ¡Gastar el poco dinero que tenía en ropa que no necesitaba!

Cambié mi rumbo por completo y ahora vivo en un pueblecito muy pequeño, rodeada de naturaleza, no hay ni una tienda donde comprar el pan.

Pues bien, hablaba con mis amigos de entonces y les explicaba cómo echaba de menos esas tardes de compras, cogiendo el metro hasta el centro de la ciudad, lo había idealizado y ¡lo necesitaba!

Nada más lejos de la realidad.

Hace unos días se cumplió mi deseo: dejar mis obligaciones a un lado y perderme por esas calles.

¿Sabes qué? No duré ni dos horas y no compré absolutamente nada.

Ya no disfrutaba haciendo eso, y yo creía que sí.

Todos evolucionamos, cambiamos de una manera u otra, y tú tienes que ser consciente de eso.

Si no prestamos atención a esos cambios, nuestro cerebro entra en una contradicción continua.

Esto que te acabo de explicar no es relevante, no tiene demasiada importancia, pero hay acciones diarias que sí la tienen.

Pausa la lectura un momento y haz el ejercicio que te propongo, es simplemente una lista.

En esa lista escribe diez cosas que te gustan, que te hagan feliz y, en otra columna, diez cosas que te disgustan.

Ahora, da marcha atrás por lo menos diez años.

Interiorízalo al máximo, merece la pena.

¿Te has dado cuenta de lo que has cambiado con el paso del tiempo?

Estamos en constante evolución, no te encasilles y siempre mira hacia delante. Esa es la manera de nacer cada día, nos reinventamos constantemente.

"Tu carácter crea tu destino".

Heráclito de Éfeso

Conocerte a ti mismo es un reto y tú puedes hacerlo, solo entonces entenderás tu evolución y serás más coherente en tus acciones diarias.

Yo ahora me siento totalmente realizada, y espero que tú algún día me puedas decir que te ha pasado lo mismo porque, si todos juntos evolucionamos y somos lo que de verdad queremos ser, crearemos un mundo mejor, y yo quiero justamente eso.

¡COMPROMÉTETE CONMIGO! Si nos unimos, podemos hacer grandes cosas.

16

ANALIZA TU PASADO

"Hay un delicado equilibrio entre honrar el pasado y perderse en él".

Eckhart Tolle

Con treinta y dos años todo mi mundo se desmontó, no entendía qué estaba pasando, pero vi claramente que no podía seguir en esa situación: tenía **que empezar un nuevo camino sola**, con mis dos hijos, de uno y cuatro años, y **sí se puede**.

Saqué fuerzas de donde creía que no existían.

Tú puedes superar cualquier reto que se te ponga por delante, ¡créetelo!

Estuve meses buscando culpables y entonces aprendí que **el único culpable de lo que tienes, te guste o no, eres tú mismo.**

Los años van pasando y te cruzarás con mucha gente en tu camino. Algunas personas con las que te encuentres pasarán desapercibidas, y ni siquiera te darás cuenta, y otras empezarán a formar parte de tu mundo.

Dependiendo de cómo estés tú en ese momento, pasarán a formar parte de tu círculo cercano o no.

Intenta elegir bien, tienes que ser inteligente.

Las decisiones que hayas tomado en tu pasado están marcando tu presente, que es lo que de verdad te tiene que importar.

El pasado quedó atrás y no tienes que darle vueltas y más vueltas, ya que así no llegarás a ningún sitio. ¡Acéptalo! Tú decidiste lo que tenías que hacer y qué no tenías que hacer. Ahora asimila las decisiones que tomaste en tu pasado como experiencias, sin ningún tipo de remordimiento.

Aplica todo lo que has aprendido, tienes que ser agradecido, ya que todo lo que pasa tiene un sentido.

Lo primero de todo es curar tus heridas, y yo te voy a enseñar la manera con un juego muy divertido.

Esta técnica me la enseñó Laín García Calvo, mi mentor y gran persona. Gracias a él he descubierto el verdadero sentido de la vida.

Apunta en un papel veintiuna situaciones de tu pasado que te hayan causado algún tipo de trauma.

Puede que ahora mismo pienses que no encontrarás tantas, pero si te concentras, las vas a encontrar.

Cada día escoge una de ellas y desarróllala tal y como la viviste en ese momento de tu vida, con todos los detalles, verás que duele y saldrán aspectos que tenías totalmente olvidados.

El paso número dos: cuéntaselo al espejo. Sí, al espejo. La primera vez que lo hice me sentí ridícula, pero si profundizaba en el tema, no podía explicármelo ni a mí misma, verás que es una situación muy extraña, pero si la vas trabajando te hace más fuerte.

El paso número tres es contárselo a alguien, si puede ser en persona. Alguien que no te cuestione, alguien en quien puedas confiar plenamente.

Y el último paso es cambiar esa historia. ¡Este paso es maravilloso! Escribe de nuevo la experiencia tal y como te gustaría que hubiera sido, con todos los detalles, interiorizándola al máximo.

No es una locura, ¡funciona! Compruébalo por ti mismo.

Podrás ver tu pasado de otra manera, si eres constante y te lo tomas en serio.

Este ejercicio te ayuda a sanar viejas heridas del pasado y lo ves todo de una manera mucho más positiva.

En muchas ocasiones magnificamos las experiencias vividas y, con el tiempo, todo se ve de otra manera.

Tienes que dejar ir, evolucionar, y verás cómo tú y las personas de tu entorno notarán el cambio. Te lo aseguro.

Ahora lo que tienes que hacer es ir aprendiendo de todo esto e intentar tomar decisiones que de verdad sean constructivas, para ti y para la gente que amas.

Cometer errores es humano, pero aprende de todos ellos, no cierres los ojos, no hagas ver que no pasado.

Te sorprenderás, no te lo pienses, ¡hazme caso, por favor!

(17)

CONFÍA EN TI, PUEDES HACER GRANDES COSAS

"Confía en lo que sientes más que en lo que piensas".

Deepak Chopra

Hace tiempo caminaba por la calle con mi pareja y mi única hija, de dos años en ese momento, pero un dolor extremadamente fuerte en el costado me hizo parar de caminar, no podía mantener mi cuerpo erguido.

No sabía qué me estaba pasando, pero el dolor era tan fuerte que no me dejaba ni pensar.

Se lo comenté a alguien y no le dio ninguna importancia. ¡Dios, no entendía qué me estaba pasando!

¡Yo tenía que seguir con mi vida!

Mi cabeza no paraba de darle vueltas, intentaba buscar alguna respuesta a lo que estaba pasando, pero no la encontraba.

Cada día me encontraba peor y empecé a tener fiebre. Estuve cerca de tres meses con fiebre.

Después de ir a médicos, todos me decían lo mismo: yo no tenía ninguna enfermedad, estaba sana, pero algo dentro de mí me decía que no estaba bien.

Pasaban los días y no podía salir de la cama, no podía comer, no podía vivir, miraba a mi hija y no conseguía verla, había perdido la ilusión de vivir y no entendía el porqué.

Me diagnosticaron, como ya te he explicado antes, ansiedad y depresión, pero...

¿Cómo era posible que la depresión me subiera la temperatura corporal?

Sí era posible. La medicación no me dejaba pensar lo suficiente y no me atrevía a salir a la calle sola.

Soy una persona extrovertida, muy social...

¿Qué me estaba pasando? Nadie parecía entenderme y ya no me encontraba a mí misma.

Recuerdo que tuve que coger la baja laboral y un día me acerqué al trabajo para hacer unas gestiones. Estaba en los huesos y mi cara era un poema. Intenté ofrecer lo mejor de mí, sacar esa fortaleza que en aquellos momentos estaba bien escondida, y una de mis compañeras de trabajo me acusó de coger la baja para aprovecharme de la situación y así poder estudiar unas oposiciones de la empresa (oposiciones que abandoné, aun habiéndome inscrito antes).

Dos años atrás ya superé unas oposiciones parecidas, y esa persona realizó esa asociación de ideas. No sabes el daño que me hizo, ¡era mi compañera! Ella dudaba de mí, de mi integridad como persona.

Pude apoyarme en María Teresa, una psicóloga maravillosa que me hizo abrir los ojos. Desde aquí te doy las gracias infinitas por hacerme reaccionar en aquellos duros momentos.

Aquella experiencia fue muy traumática para mí, pues una persona a la que amaba incondicionalmente llegó a afirmar que todo era una invención mía para llamar la atención, y lo único que realmente me pasaba era que estaba intentando vivir algo que no quería realmente.

Me rompí por dentro.

Solo quiero darte un consejo: **asegúrate siempre de tener buena gente a tu alrededor y confía en ti.**

Confía en lo que sientes y lucha siempre por tus sueños, ya que te aseguro que se cumplen, yo lo he comprobado. Lo que has de tener muy claro es que siempre debes ser fiel a tus principios y no dejarte llevar por la corriente.

> En muchas ocasiones vivimos para otros, y esos otros no lo valoran. Es más, te aseguro que es una gran equivocación actuar en función de lo que otros necesitan continuamente.

Yo estaba rodeada de personas que me hacían cada día más pequeñita, y mi cuerpo explotó.

No me sentía realizada, sentía que no servía para nada y te aseguro que en tu interior hay un potencial inmenso.

Lo único que tienes que hacer es trabajar tu eficacia y quererte más que a nada en el mundo.

¡Respétate!

Aunque tu familia, tu entorno o la misma sociedad que te rodea te haga pensar que no sirves para algo, no te dejes influenciar por esas falsas creencias.

¡Descúbrelo por ti mismo!

Te vas a sorprender, quien no juega, no gana, y si das todo lo que puedes, tu mejor versión, eres capaz de cosas maravillosas. Solo tú debes tenerlo muy claro y borrar toda esa información putrefacta de tu mente.

Trabaja tus inseguridades y da portazo a las etiquetas que te han podido poner en algún momento. Ahora bien, no esperes a sentirte preparado del todo para hacer algo, sino, no encontrarás nunca el momento apropiado.

Actúa, haz lo que tú quieras y, cuando lo hagas, la seguridad en ti mismo aumentará.

Empieza si quieres con pequeñas cosas, toma las decisiones que te pida el corazón y cada día sube un peldaño de tu escalera personal, eso sí, sin presiones de ningún tipo.

Yo tenía pánico a exponerme, ¡y mírame! Quiero ayudarte a que superes tus limitaciones como yo, y lo vas a conseguir conmigo.

Hay una técnica maravillosa, conocida como la de la máscara, que incluso la ha utilizado la cantante Beyoncé.

A ella le costaba actuar delante de toda esa gente que la esperaba bajo el escenario, y creó un personaje para cada vez que tenía que actuar.

Hazlo tú, con todo tu cariño, imagínate que eres otra persona y sal de tu realidad. Te sentirás mucho más seguro y tu mente lo vivirá como si no fueras tú el que está actuando. Siéntete triunfador, valiente, positivo, y ponle cara y ojosa ese nuevo personaje.

Ese va a ser tu trabajo de hoy, verás que, además de enriquecedor, ¡es muy divertido!

Para acabar, te diré a modo de ejemplo que Charles Chaplin, actor del siglo XX, siempre se sintió como el mejor actor, aun cuando estaba en un orfanato y nadie creía en su potencial.

Él sí que creía en sí mismo, y ya sabes hasta dónde llegó: a lo más alto.

(18)

ACÉPTATE A TI MISMO, CON TUS DEFECTOS Y TUS VIRTUDES

"Vamos por el mundo odiando y rechazando aspectos de los otros, y hasta de nosotros mismos, que creemos despreciables, amenazantes o inútiles... y, sin embargo, si nos damos tiempo, terminamos dándonos cuenta de lo mucho que nos costaría vivir sin aquellas cosas que en un momento rechazamos".

Jorge Bucay

En esta vida nada es perfecto, y querer conseguir que lo sea es caminar hacia el fracaso descaradamente, sin remedio alguno.

<u>Tú tienes virtudes y defectos, y ambas cosas van cogidas de la mano</u>: si no existieran esos maravillosos defectos, no vivirías plenamente.

Aunque no te resulte fácil al principio, pon atención en tus defectos y tus virtudes, y acéptate tal y como eres.

Seguramente te has sorprendido más de una vez teniendo una conversación en la que, aunque nadie te haya preguntado, tú ya estás exponiendo abiertamente todas tus limitaciones.

Eso no lo debes hacer nunca, guárdatelas para ti y mejóralas diariamente, ya que si actúas de esa manera, es muy probable que todas esas virtudes que tienes no salgan a la luz.

Debes dar importancia siempre a los puntos positivos, y todo lo negativo que puedas ir encontrando, trabájalo con todas tus fuerzas sin ni siquiera nombrarlo, y así le restarás poder.

Cambia ahora mismo esa forma dañina de ver las cosas, valórate e intenta eliminar ese sufrimiento que, de alguna manera, estás creando tú mismo.

Busca tus defectos, pueden ser la falta de responsabilidad, la vagancia, el egoísmo…No sé, cada persona tiene los suyos, y no me refiero solo a defectos emocionales o internos, también los físicos, ya que tu existencia se debe basar en el continuo crecimiento.

En mi caso, por quitarle un poco de hierro al asunto, soy una chica de 1.83 m de altura, y más adelante te contaré mi anécdota.

Bien, haz de nuevo una lista y escribe cinco defectos que creas que te limitan. Esos defectos se pueden trabajar, intenta sacar lo bueno que te están aportando para prosperar y no te centres en las limitaciones que comportan.

Todo eso, que forma parte de ti y está catalogado como negativo te va a llevar hacia la victoria, ahora, ¡acéptalo!

<u>Si reprimes la tristeza y haces ver que no existe, entonces no das paso a la alegría. ¿Me he explicado bien?</u>

Desde pequeñita he sido la diferente en el colegio, en mi círculo de amistades y en la familia, ya que algo tan absurdo como la estatura daba de qué hablar a la gente vacía, a la gente pobre de mente. Volvemos a los patrones que marca la sociedad, de los que hemos hablado al principio, ¿recuerdas?

He tenido que escuchar insultos debido a mi estatura, he soportado miradas furtivas…y te aseguro que, cuando eres un niño, todo eso te marca si no te haces fuerte.

Pues bien, saqué provecho de todo eso.

Ya en la adolescencia y con el apoyo de mi familia, pude trabajar en el sector de la moda, solo por diversión, y disfruté como nadie descubriendo nuevos mundos y viendo desde dentro la maravillosa creatividad de los diseñadores.

¿Sabes qué? A mí, como adolescente, hubo algo que me llamó la atención y todavía no he olvidado.

Inicialmente los jóvenes que tenía a mi alrededor no me incluían en su grupo, pero al ver mi actitud y que trabajaba en algo que me gustaba mientras estudiaba, empezaron a acercarse a mí, uno detrás de otro.

"¡Mírala, está trabajando de modelo!".

¿Crees que había cambiado algo? No, yo seguía siendo la misma persona, pero ellos no se habían molestado antes en conocerme. A ese tipo de personas no las pongas en tu vida.

Aún ahora existen esos prejuicios, y lo que te voy a contar me da risa.

Estaba comprando el mes pasado en una tienda de alimentación y yo, con mi vestido y mis taconazos, estaba hablando con el tendero.

Una conocida se acercó a mí, me cogió del hombro de forma amigable y con una gran sonrisa me dijo:

—¿Tan alta que eres y cómo te pones esos taconazos? ¡Madre mía, qué valor tienes!

Ella, con su maravilloso metro y medio, llevaba unos zapatos planos, por lo que le contesté:

—¡Qué problema ves aquí, tú eres bajita, vas plana y yo no te he dicho nada!

No supo qué contestar, el tendero y el resto de clientes me sonrieron abiertamente.

<u>Lo que otros ven como defectos, es muy probable que no lo sean.</u>

No hagas caso a los comentarios sobre todos esos defectos que tú sabes que tienes, trabaja los que verdaderamente pueden ser posibles, sacando siempre el contrapunto y mejorando tu vida con constancia, aunque te cueste al principio.

No te quedes donde se quedan las masas, ve más allá de lo que la sociedad nos ha marcado como correcto.

Tú tienes criterio y sabes cómo debes hacerlo.

19

NUNCA ESTÁS SOLO

"No te rindas, por favor, no cedas, aunque el frío queme, aunque el miedo muerda, aunque el sol se esconda y se calle el viento, aún hay fuego en tu alma, aún hay vida en tus sueños. Porque la vida es tuya y tuyo también el deseo, porque cada día es un comienzo nuevo, porque esta es la hora y el mejor momento, porque no estás solo. ¡Porque te quiero!".

Mario Benedetti

Nadie debería sentir la tristeza sin un motivo de peso, la soledad, la sensación de vacío, pero estoy convencida de que en muchas ocasiones te has encontrado así, sin saber muy bien qué camino debías seguir.

Te puedes haber sentido así si tu pareja te ha dejado después de pensar que era el amor de tu vida, si ha fallecido alguien muy importante para ti... y no te acostumbras a no sentirlo a tu lado, e incluso una enfermedad te ha podido hacer pensar que la vida ya no tiene sentido.

Infinidad de situaciones que no son fáciles para ti.

Te sientes incomprendido y desconectado del mundo.

Todos estos sentimientos provienen de ese miedo que hemos hablado tú y yo anteriormente.

El miedo a la soledad.

La soledad no siempre es dañina, puede ser muy beneficiosa para ti. Aprovecha esos instantes para conocerte mejor y hacer lo que te apetece sin que nadie interfiera. ¡Disfrútala!

Puedes sentir dos tipos de soledad: estar rodeado de la gente que te quiere, pero no sentir suficientemente su apoyo, o bien estar solo sin que haya alguien físicamente a tu alrededor.

Comprendo cómo te sientes en esos momentos, pero déjame decirte algo, el mejor compañero que puedes tener eres tú mismo. ¡Escúchate!

<u>Acepta ese sentimiento, no lo niegues, ya que es una consecuencia de algo que te ha pasado y que tienes que superar.</u>

En ocasiones estarás rodeado de personas, a mí me ha pasado, que crees que son de tu confianza, pero estás más solo que nunca. Con ellas no compartimos aficiones, ni valores de vida.

Esa necesidad primitiva de vivir en sociedad hace que te relaciones con personas que, a la hora de la verdad, no están cuando las necesitas, ya que solo están presentes físicamente.

Te doy un consejo que a mí me fue verdaderamente bien: medita siempre que puedas, relájate y verás las cosas de una manera muy diferente. Es muy gratificante tener gente maravillosa a tu lado, pero no es imprescindible.

Poco a poco, si evolucionas, aparecerán en tu vida grandes personas con las que compartir el camino.

Hace unos años, como ya te he explicado, me quedé bastante sola, ya que me había mudado de ciudad y todos mis amigos estaban lejos, solo podía tener largas conversaciones por teléfono. En esos momentos, lo que echaba de menos verdaderamente era un fuerte abrazo de las personas que quería.

Me aislé de la gente que me rodeaba en el pueblo donde vivo, ya que tenía miedo a relacionarme: acababa de salir de una relación tóxica y lo que se decía de mí, sin conocerme, es que no era del todo agradable (aunque la verdad brillaba por su ausencia).

Tenía en ese momento dos hijos pequeños y decidí vivir la vida con ellos a mi lado.

Durante dos meses tuve el apoyo de mis padres, estaban a mi lado físicamente, pero después se marcharon a 150 km de distancia.

Yo no estaba sola, aunque sí que me sentía así.

Mis dos pequeñines eran mi aliento, y también la gente que me quería, que aunque estaba lejos, me apoyaba igualmente.

Sentí miedo, soledad, y una infinidad de cosas más que te puedes imaginar.

Si puedes y te gusta, haz deporte o sal a caminar, habla con viejos amigos de la infancia, adopta un animal de compañía (yo lo hice, y cada día lo quiero más); en definitiva, busca alternativas para distraerte y motivarte para seguir hacia delante, aunque te encuentres solo.

Yo no tenía a ningún adulto en quien apoyarme, a quien abrazar, **pero me tenía a mí misma, y gracias a esos duros momentos en soledad, aprendí quién soy y qué es lo que de verdad quiero hacer en mi vida.**

Tú, igual que yo, tienes que buscar un motivo para caminar hacia delante (seguro que lo tienes) y, con todas tus fuerzas, como si no hubiera un mañana, creer que ya lo has superado y que vas a tener una vida mejor.

Esa vida que deseas está en camino, no te cierres las puertas y confía.

Si engañas momentáneamente a tu mente, esa que intenta protegerte y hace que te paralices, en poco tiempo serás una persona nueva.

Piensa en todas esas personas que se fueron y que siguen acompañándote cada día en tu corazón.

Aunque ya fallecieron, viven en tu recuerdo, dándote fuerzas para que saques lo mejor de ti mismo.

No busques la compañía externa, cuando llegue, llegará. Mientras, disfruta de tu existencia.

20

ROMPE EL SILENCIO, EXPONTE

"Podemos perdonar fácilmente a un niño que teme a la oscuridad, pero la real tragedia de la vida es cuando los adultos temen a la luz".

Platón

Alguna vez tu mente te habrá dicho: "¿Dónde vas a estar mejor que aquí? No te muevas, estás a salvo", o quizás… "¡No sabes lo que te puedes encontrar ahí fuera!".

<u>Solo se trata de falta de confianza.</u>

Cambia el enfoque de tu vida con todos estos principios que estoy compartiendo contigo para sanar tu alma y empezar a vivir tus días plenamente, como siempre has deseado.

No des por hecho nada de lo que te explico, conciénciate y sigue los pasos, ya que aunque a veces parece evidente que tiene que ser así, pasan los días y podrías volver a caer en esos hábitos mal aprendidos.

Debes desconectar de todo lo que no aporta nada a tu vida y encontrarte a ti mismo sin excusas, hacerte fuerte.

Cuando pasa el tiempo y te recompones de una situación límite, te darás cuenta de que tu entorno probablemente haya cambiado, y entonces nada te afectará de la misma manera que antes.

Vivo en un pueblo pequeño, como ya te he dicho, y aún hoy, seis años más tarde, puedo percibir actitudes extrañas a mi alrededor.

Recuerdo hace cuatro años ir a tomar un café con una conocida, hacía mucho tiempo que no nos veíamos y fue la primera de muchas más.

Había alguien que se había dedicado a intentar destruirme durante todo ese tiempo.

Varias personas del pueblo creían que estaba loca, que me autolesionaba, que nunca comía, ya que decían que tenía un trastorno de alimentación y, por supuesto, también había sido infiel, entre otras muchas cosas que no voy a mencionarte ya que solo quiero ponerte un ejemplo para que tú también aprendas de esto.

Nada más lejos de la realidad, pero medio pueblo se lo había creído.

Hoy en día me sigo cruzando con gente con la que hablaba y me giran la cara con desprecio.

Al principio me hundí, me escondía de la sociedad, creía que no era justo, pero ¿sabes qué? Le di la vuelta a la situación, al igual que tienes que hacer tú si algún día te encuentras así (que espero que no), y aprendí muchísimo de todo eso.

La gente que te da la espalda, creyéndose patrañas y ni siquiera se molesta en preguntar, no merece la pena, te lo aseguro, son personas vacías, es mucho mejor que no estén a tu lado.

Nunca debes relacionarte con personas que critican a otros continuamente y que solo hablan de lo mal que está el mundo, no te unas a esas conversaciones; si lo haces, les das poder, y tú y yo tenemos que construir un mundo mejor.

Lo que de verdad debe preocuparte es tu vida, nunca la de los demás, en sentido negativo. No caigas en ese tipo de actitudes que lo único que hace es empobrecerte, en todos los sentidos.

Hay una afirmación de la Madre teresa de Calcuta que resume a la perfección el mensaje que te quiero transmitir:

"No me inviten a una marcha en contra de la guerra, si es a favor de la paz, iré".

Y la otra lección fundamental que aprendí fue que no tienes que esconderte de nada ni de nadie.

¡Exponte! Si te cuesta, hazlo poco a poco, ya que al principio puede que te cause tensión. Prográmate cada semana una pequeña tarea que suponga para ti un desafío y, aunque te incomode, hazla. Tú puedes y debes.

> Nunca te tienes que avergonzar de lo que has hecho, pero mucho menos de lo que no has hecho, así que pisa fuerte con valentía y no dediques ni una mirada, ni un gesto, a ese tipo de gente.

Años más tarde, algunos se han acercado a mí pidiéndome perdón, yo no les guardo rencor, pero aunque me duela el corazón, la relación ya no es la misma.

"¿Por qué seré tan callado? Cuanto más hablan los que me rodean, menos ganas tengo de decir algo".

Mario Benedetti

Tienes que ser tú mismo, seguro que en el camino encontrarás a personas así, aunque las malas lenguas digan que ya no existen.

La gente con grandes valores está ahí, al igual que tú, y te hace el camino mucho más fácil y enriquecedor. A esas personas es a las que tienes que dedicar tus horas. Por tanto, comparte tus experiencias con ellas, tus alegrías y tus conversaciones. ¡Eso sí que es gratificante!

Comprobarás que todos esos retos que os plantea la vida tienen solución y la encontrareis juntos. <u>Se trata de construir, no de derribar.</u>

Cuando te abres a ese tipo de personas, tu vida cambia, y lo único que debes hacer es llenarlas del mismo amor que te regalan a ti.

No dudes ni un segundo, todo es cuestión de energía.

¿Crees en la ley de la atracción?

La ley de la atracción defiende que desear algo con mucha intensidad y confianza hace que sea mucho más probable que aparezca en tu vida.

Hay quién cree en ella y hay quién no.

A mi parecer, esa ley existe, la tengo totalmente comprobada, pero…nunca te quedes parado esperando a que las cosas pasen.

¡Muévete, exponte a nuevas experiencias! Debes ir a buscar tus sueños sin demorarlos más en el tiempo.

(21)

HAZ QUE LAS EXPERIENCIAS PAREZCAN NUEVAS

"Si piensas que la aventura es peligrosa, prueba con la rutina. Es mortal".

Paulo Coelho

S omos animales de costumbres. Tendemos siempre a hacer lo mismo, repitiéndolo una y otra vez.

Ahora piensa por un momento cómo es tu rutina diaria.

Te levantas por la mañana y das siempre los mismos pasos, te aseas, te haces el café en la misma taza, te vistes como todos los días y a la misma hora de siempre sales de casa para irte a trabajar.

Es posible que no sea así, por eso te invito a que hagas este ejercicio y lo pienses por un momento.

Yo, por ejemplo, llegó un momento en el que iba al bar de siempre a tomar el café y ya sabían exactamente, sin abrir la boca, cómo lo tenían que preparar y de qué sería mi bocadillo del desayuno.

Estamos programados como robots, no pensamos, actuamos continuamente movidos por la inercia, y eso te mata poco a poco.

Te he puesto un ejemplo sencillo, pero todo esto trasciende mucho más.

Igual que haces una cosa, sueles realizar las demás.

El cerebro busca la comodidad, lo fácil, para que así gastes poca energía y sobrevivas, pero tienes que romper con eso.

Esa actitud ante la vida te hará sentir vacío, triste, incompleto.

Llegas a aburrirte y te desinteresas de lo que te rodea, desconectando de las pequeñas cosas que te ofrece la vida.

Caminas en *modo off* y desaparecen los desafíos y los retos, esos que también te hacen crecer.

No te estoy diciendo que cambies todas tus rutinas, ya que algunas sí que son positivas para ti, pero tenemos que ser realistas y seguramente te ocurre que a veces tienes la sensación de ir de casa al trabajo, y del trabajo a casa. ¿Me explico?

Yo antes de ir a dormir tengo la rutina de meditar, y esa no la debo eliminar de mi vida, ya que aporta muchos beneficios para mí.

<u>Piensa qué es interesante mantener y qué es lo que debes eliminar.</u>

La lógica de tu análisis tiene que ser aplastante.

Cuando te des cuenta de las acciones que debes mantener en tu vida, pregúntate: ¿por qué?

Te lo diré: **el aburrimiento ahoga**.

Intenta escuchar la conversación que te ofrece la camarera cada mañana, escucha a tu pareja como si te acabaras de enamorar de ella, intenta dar lo mejor de ti.

Reflexiona…

¿Y si mañana no despertaras?

¿Harías las cosas de otra manera?

Seguro, pero das por hecho que mañana será otro día más y no lo sabes a ciencia cierta.

"Cada momento es único,

irrepetible e irremplazable,

cada minuto es una historia

y una oportunidad

para irte o permanecer,

para hacer las cosas bien,

para entregarte al amor

y al placer, para disfrutar.

Invierte bien tu tiempo,

tu energía y tu pasión,

la vida única y efímera,

no escatimes emociones

y apuesta siempre por el amor".

Emiliano Sánchez

Así que no rompas con todo lo que forma tu rutina, cámbiala haciendo que sea interesante con pequeños gestos y, además, haz cosas nuevas que te permitan aprender.

Piensa cuántas parejas se destruyen por culpa de la rutina.

Llegan a casa después de trabajar y ya ni saborean ese beso cuando se ven (eso si se lo dan), hacen siempre las mismas cosas, muchas veces no existe ni esa conversación durante la cena, ya que cada uno está con su teléfono móvil, hacen el amor el mismo día de la semana y de la misma manera, y una infinidad de cosas que te explicaré en mi próximo libro.

Bien, acuérdate de cómo actuabas cuando conociste a esa persona, todo era magia, vivías solo para complacer a esa persona, ¿verdad? No te pido que hagas eso, pero hoy, cuando llegues a casa, observa bien a esa persona que te acompaña en la vida y mímala casi como si fuera la primera vez.

Cuando haces esto, si estáis muy desconectados, podrás ver la reacción de tu pareja, y eso te tiene que hacer reflexionar.

Da, da, rompe patrones, rompe rutinas, haciendo también cosas nuevas y, CUANTO MÁS DES AL OTRO, MEJOR TE SENTIRÁS.

Hazlo desinteresadamente y no esperes a que la otra persona dé el primer paso, ¡lo tienes que dar tú!

Te he puesto como ejemplo la relación de pareja, pero actúa así en todos los ámbitos de tu vida y todo será más gratificante.

22

RESPÉTATE Y RESPETA A LOS DEMÁS

"Si quieres ser respetado por los demás, lo mejor es respetarte a ti mismo.

Solo por eso, solo por el propio respeto que te tengas, inspirarás a otros a respetarte".

Fiódor Dostoievski

C omo decía Dalai Lama, tienes que seguir las tres "R":

Respeto por ti mismo.

Respeto por los demás.

Responsabilidad por todas tus acciones.

El orden de estas afirmaciones no es casual.

O estás viviendo lo que otros quieren que vivas, o estás haciendo lo que de verdad te pide tu corazón. ¿Dónde estás tú?

Acabo de hablar con una conocida y me ha impresionado lo poco que confía en ella y el concepto que tiene de su vida.

Se trata con desprecio, e incluso se avergüenza de contarme cómo es ella y cómo se siente, y te afirmo que todo eso es porque alguien así se lo ha hecho creer.

<u>No dejes que te pisoteen, tú eres grande, pero tienes que creértelo.</u>

No pretendas gustar a los demás, te aseguro que no necesitas para nada su aprobación, aunque te hayan educado para que pienses así. Eso solo te lleva a la frustración.

Cuando actúas para complacer a los demás, es muy probable que no tengan bastante con lo que les estás ofreciendo y cada vez quieran más de ti, sin que eso te reporte ninguna satisfacción, así que no lo hagas, por favor.

Respeta tus tiempos, tu espacio y, sobre todo a tu alma.

Cuando haces esto, floreces, sale lo mejor de ti y estás ayudando a crear un mundo mejor, en comparación con el que te encontraste cuando naciste. Ojalá todo el mundo fuera consciente de esto.

De igual manera, intenta ser también más respetuoso con los demás. Te explico el motivo.

Hay personas que lanzan prejuicios y críticas hacia los que tienen a su alrededor, sin importarles absolutamente nada si les hacen daño, lo repiten una y otra vez, hasta expulsar momentáneamente toda esa porquería que tienen en su interior; pero tengo una mala noticia, esa porquería nunca se acaba y tienen ese *modus vivendi* que les hace unos infelices.

Te sonarán afirmaciones como: "¡Todas las mujeres son iguales, son unas brujas!", o "¡El colectivo gay no es normal, están enfermos!", o "¡Los inmigrantes vienen aquí a quitarnos el trabajo!".

Patrañas, me asquean. ¡Es deleznable, repugnante!

Primero quiero que sepas una cosa: este tipo de personas tendrían que sanar su corazón, tienen mil cosas enquistadas en su interior y no saben cómo hacer limpieza, y muchas veces ni son conscientes de ello.

El tiempo va pasando y cada vez tienen más rencor acumulado.

Repiten afirmaciones de ese estilo una y otra vez, para convencerse de que ellos son mejores que los demás, hundiéndose irremediablemente en el fango.

Si analizaras su forma de vivir, muchas veces el problema viene de que no se respetan a ellos mismos tampoco y no le encuentran un sentido real a la vida.

No juzgues a esas personas, ya que no sabes qué caminos han transitado para acumular todo ese odio, y algún día fueron niños cargados de ilusiones, pero seguramente la vida no ha sido fácil para ellas.

Sí te digo lo que tienes hacer en esos casos:**¡apártate, desaparece!**

No dejes que caiga sobre ti toda esa porquería y respétate.

Respétate como antes nunca lo habías hecho, y que ni siquiera se te pase por la cabeza entrar en debate o discusión con ese tipo de personas, lo único que conseguirás es entrar en su mundo y salir de esa conversación triste, disgustado contigo y con lo que te rodea. Acabarás totalmente desquiciado.

A partir de ahora vas a ser totalmente responsable de lo que haces, tú decides, pero ¡decide bien!

Respétate siempre haciendo lo que de verdad te apetece, respeta a la gente que te rodea sin valorar sus porqués y sé consciente de tus decisiones.

Todos los pensamientos que rondan por tu cabeza los acabas expresando de una manera u otra cuando hablas, y los estás atrayendo a tu vida sin darte cuenta. Tú estás creando las situaciones que aparecen en tu vida.

<u>Así que no seas negativo, busca la bondad y el amor en cada esquina.</u>

Por eso, tú y yo tenemos que construir un mundo mejor, ese es uno de mis retos en esta vida.

Sé que puedes ayudarme, y uno de los pasos fundamentales es respetar la dignidad de todas las personas que nos rodean, sin excepción.

23

PERDONA A LOS QUE TE DAÑARON

"Perdónate y perdona a quienes te han hecho daño, libérate de cargas innecesarias, viajar por la vida con espinas clavadas en el corazón te quitará paz, y ser feliz con dolor es imposible".

Eduardo Alighieri

Perdonar es un acto de valentía enorme, y no te puedo decir que sea fácil.

En ocasiones, cuando hablamos con alguien, regalamos hipocresía sin darnos cuenta de que seguimos heridos, y el rencor se apodera de todo nuestro ser.

El primer paso que tienes que dar es <u>reconocer todo el dolor conscientemente</u>, nunca reprimas ese sentimiento, ya que el daño que te puede causar puede ser casi irreparable.

Acéptalo como algo que ha ocurrido en tu vida y, poco a poco, <u>déjalo ir</u>.

Tendemos a echar la culpa a los demás del daño que nos han podido hacer, pero yo ahora te lanzo una pregunta: ¿no eres tú, en muchas ocasiones, el que ha permitido que esa situación llegara? Piénsalo.

Tú controlas y diriges tu vida, tú decides el rumbo que quieres seguir, aunque sea duro reconocerlo.

El primer paso que debes dar es aceptar tu vida y todo lo que has experimentado, siempre desde el cariño, ya que todo necesitó su tiempo.

No caigas en el error de repetir una y otra vez esas experiencias en tu mente, o explicándoselas a otras personas, porque así no conseguirás nada, solo despertar pena a tu alrededor.

Pregúntate si es necesario todo ese dolor y llegarás a la conclusión de que no sirve para nada, solo para entrar en un círculo vicioso que tú tienes que romper.

¿Cómo?

<u>Rompe las cadenas que te han estado atando todo este tiempo.</u>

Si las personas que te hicieron daño desaparecieron de tu vida, ¡perfecto! Y si no es así, aléjate con valor de ellas. Aunque parezca complicado, no lo es, es mucho más difícil tener que soportar faltas de respeto o agresiones de cualquier tipo toda tu vida, te lo digo por experiencia.

Te propongo un ejercicio que sanará tu rencor y te hará más libre.

Escribe una carta a esa persona que te hizo daño, recordando cómo sucedieron los acontecimientos.

Ahora piensa los puntos positivos y negativos de esa situación, seguro que como positivo, por lo menos, aprendiste una lección nueva para aplicar en tu vida.

Las personas a veces nos hacen daño sin pretenderlo, expulsan porquería hacia nosotros porque no han sabido hacerlo mejor, o quizás han tenido experiencias en su vida que les han marcado para siempre, no caigas en el error de juzgarlas.

Esa persona podía haber tenido un mal día en el trabajo, o estar enfermo. Tú, desde tu visión, no sabes lo que está sintiendo verdaderamente.

No lo estoy excusando ni justificando, lo que te pretendo transmitir es que tendemos a no ponernos en el lado de la otra persona, a empatizar con ella.

Cuando yo he hecho este ejercicio sin prisas y dedicándome todo el tiempo del mundo, se ha despertado dentro de mí un sentimiento de ternura y de compasión que racionalmente es difícil de entender.

Ahora, termina esa carta, dedícale a esa persona unas palabras de perdón, porque, ¿sabes qué? Esa persona también fue un niño, también tuvo que aprender con sus dificultades y, si sigues mis consejos, desde tu corazón podrás perdonar de verdad. Te liberarás de una pesada carga.

(24)

NO ESPERES A TENER
PARA ACTUAR

EL CUENTO DE LA LECHERA

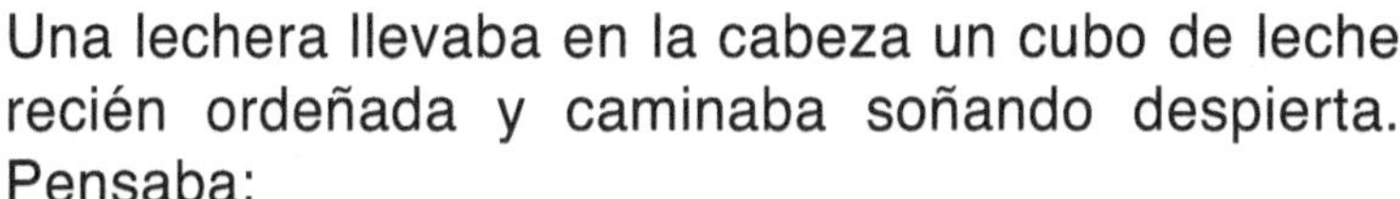

Una lechera llevaba en la cabeza un cubo de leche recién ordeñada y caminaba soñando despierta. Pensaba:

"Con esta leche podré obtener mucha nata, y la batiré hasta que se convierta en rica mantequilla, así ganaré mucho dinero. Con el dinero compraré una cesta de huevos y, en poco tiempo, tendré pollitos. Cuando crezcan los podré vender y, con el dinero, me compraré un vestido nuevo. Me lo pondré el día de la fiesta mayor, y el hijo del molinero no se podrá resistir y deseará bailar conmigo, pero no le diré que sí a la primera. Esperaré a que me lo pida varias veces y, al principio, le diré que no con la cabeza".

La lechera empezó a mover la cabeza para decir que no y, en ese momento, el cubo de la leche cayó al suelo y la lechera se quedó sin nada.

El momento es ahora. Es muy importante, como ya te comenté anteriormente, que planifiques tu día a día, pero actúa mientras tanto, es decir, tienes que empezar siempre desde el principio y, aunque suene muy lógico, en muchas ocasiones no lo hacemos bien, y eso te puede llevar a lo que le pasó a la lechera: que sueñes despierto demasiadas veces y, así, pierdas todo lo que podrías obtener. No caigas en la mediocridad.

Entonces, no esperes a mañana para conseguir tus sueños.

Esto lo puedes aplicar en todos los campos de tu vida. Si tu motivación personal es prosperar en el trabajo, da el máximo rendimiento a partir de **ahora**; si te apetece tener una relación prometedora, aporta a esa persona todo lo que te gustaría que te aportaran a ti **ya**; si lo que quieres es ahorrar algo de dinero, empieza **hoy** con un euro.

Es maravilloso y necesario planificarte tus metas, a corto o largo plazo, pero…

"El movimiento se demuestra andando".

Diógenes, filósofo griego

No importa lo que quieras obtener, estás educado para usar tu mente continuamente, intentas entender todo lo que te pasa, o sino lo dejas por imposible, ¡pero eso es solo una trampa!

Si haces siempre lo mismo, sin cambiar tu enfoque, e intentas entender todo lo que ocurre, te quedarás en el mismo lugar que te encuentras ahora para toda la vida.

Empieza a caminar con ritmo, siempre atento y hacia delante.

LAS PALABRAS SON ENERGÍA

"Cuida tus PENSAMIENTOS, porque se convertirán en palabras. Cuida tus PALABRAS, porque se convertirán en tus actos. Cuida tus ACTOS, porque se convertirán en tus hábitos. Cuida tus HÁBITOS, porque se convertirán en tu DESTINO".

Mahatma Gandhi

Desde que el ser humano utiliza el lenguaje, ha usado palabras, canciones o ha rezado incansablemente, dirigiéndose a Dios o al universo, para conseguir lo que se proponía, lo que deseaba.

La palabra se usaba como un método para traer al mundo material lo que estaba únicamente en sus mentes.

Varios profesionales han realizado estudios sobre este tema y, entre ellos, el neurocientífico alemán Manfred Spitzer hizo un experimento que te voy a explicar.

Utilizó un texto en el que aparecía repetidamente la palabra *viejo*.

Después de leerlo repetidamente, hasta las personas más jóvenes caminaban a un ritmo más lento, que inicialmente durante un tiempo. En cambio, al hacer la misma prueba con la palabra *biblioteca*, el tono de voz bajaba. Curioso, ¿verdad?

Totalmente contrastado: **las palabras te afectan profundamente.**

Por lo tanto, VIGILA LO QUE ESCUCHAS Y CONTROLA LO QUE DICES.

Otras investigaciones también han probado que el cerebro reacciona de forma más violenta a las palabras negativas que a las positivas, y esto es simplemente por supervivencia.

Ya te comenté anteriormente que tu cerebro, en todo momento, quiere protegerte de lo que él considere un peligro.

Pero tú no quieres solo sobrevivir, ¿verdad?

¡Tú quieres vivir con intensidad!

Te explico lo que tienes que hacer: ¡VUELVE A ENGA-ÑAR A TU CEREBRO! Poco a poco lo vas a conseguir, se trata de empezar, cada día un poquito, con peque-ñas cosas hasta elaborar una rutina.

Conseguirás que el estrés y la ansiedad desaparezcan de tu vida.

Fíjate: si te dicen alguna cosa que te provoque odio, notarás casi de forma inmediata que tu respiración se descontrola, y parecerá que el corazón se te va a salir del pecho; pero no es así, vuelve a ser tu mente, por tanto, RELATIVIZA.

Yo he tenido que convivir con la ansiedad y te invito a que hagas un ejercicio cada vez que veas que va a resurgir en tu vida, es muy efectivo.

Cuando vuelvas a encontrarte con ese momento en el que sientes odio intenso, impotencia o temor, y tu cuerpo se empiece a descontrolar, utiliza tu sonrisa, tu positivismo. Piensa en algo que en su momento te hizo la persona más feliz del mundo y sonríe.

<u>Así engañas a tu máquina de pensar, verá que hay dos energías muy diferentes en el mismo momento y desaparecerán por completo todos los síntomas físicos de esa angustia.</u>

Hace años llegué a medicarme, pero, a mi parecer, ese tratamiento solo apagaba mi existencia, me adormecía, pero no solucionaba el problema de fondo.

Hazme caso y espero que, algún día, de corazón me digas que te ha funcionado igual de bien que a mí.

Asimismo, piensa antes de hablar, ya que sin mala intención podemos herir a personas y hacerles sentir esa ansiedad de la que hemos hablado.

Créeme, si haces daño a la persona que tienes al lado, te estás haciendo daño también a ti mismo.

Es posible que para ti algo carezca de importancia y para otra persona sea muy hiriente, por ello, te voy a dar unos consejos para que tus relaciones sean siempre enriquecedoras:

-Escucha de verdad, no te limites a oír.

-Trabaja tus emociones como ya te he enseñado.

-Abandona una conversación y déjala para otro momento si estás ofuscado.

-Cambia, en la medida de lo posible, las conversaciones al lado positivo.

-Respeta siempre, aunque te cueste, no caigas en juegos ridículos.

ELIMINA DE TU VIDA EL "YA LO HARÉ MAÑANA"

"Si ya sabes lo que tienes que hacer y no lo haces, entonces estás peor que antes".

Confucio

S i eres una de esas personas que suelen dejar las cosas para más adelante, te aconsejo que no te distraigas y sigas leyendo, no pongas excusas.

¿Te sorprendes haciendo algo que tendría que haber estado hecho desde hace días?

¿Cumples con los objetivos diarios que te has marcado en la agenda, como hemos hablado antes?

En ocasiones nos desmotivan las actividades que tenemos que realizar, crees que son aburridas, desagradables o simplemente incómodas. Las dejas pendientes, convenciéndote a ti mismo de que enseguida las harás, pero sabes que no es cierto.

Se apodera de ti una sensación de vacío y de estrés que te condiciona el resto del día, afectando también a tu estado de ánimo.

Quizas no te sientas preparado, pero la mejor manera de prepararse para algo es haciéndolo, y en el camino seguro que aprendes a resolver esa situación.

"La procrastinación es como usar una tarjeta de crédito, mucha diversión hasta que llega el recibo de pago".

Christopher Parker

Todo esto tiene una explicación racional: tu cerebro busca la comodidad, pero así no evolucionarás, y sin ser consciente de ello.

Aquí te presento las partes del proceso que vive tu mente:

1. Te das cuenta de que esa actividad que debes hacer te incomoda y te puedes llegar a poner nervioso.

2. Buscas otra actividad para hacer, engañándote y haciéndola también necesaria para tu vida. Normalmente, en ese momento, le sueles poner todas las ganas, pero sabes que seguramente lo que estás haciendo no es tan importante como lo que dejaste atrás.

3. Tu mente guarda que tienes algo pendiente por hacer y te causa nerviosismo, te sientes incompleto, pero en tu interior sigues buscando excusas y justificaciones para paliar esa sensación.

Es un círculo vicioso, ¡tienes que salir de ahí! Solo piensa en las consecuencias que puede tener eso sobre ti.

Actuar así solo te lleva a unas malas relaciones personales, ya que la gente deja de confiar en ti y, a la larga, no tienes los resultados que esperabas, así que te desanimas y cada vez tienes menos ganas de afrontar esos pequeños retos.

Todos hacemos eso y, al igual que a tú, yo también me esfuerzo para dejar atrás esa mala costumbre que tenemos que eliminar.

<u>Seguro que, después de una jornada laboral intensa, te produce más placer en ese momento estirarte a descansar que salir a caminar o ir a hacer algún tipo de deporte. Es más gratificante a corto plazo, pero a largo plazo estás hipotecando tu vida.</u>

Te entiendo a la perfección, pero tienes que cambiar esa manera de actuar sin miedo a nada.

Pregúntate: ¿qué es lo peor que te puede pasar? Nada tan importante que te suponga demasiado.

Entonces, lo que tienes que hacer es:

1. La actividad que menos te motive es la que decidirás hacer en primer lugar. Cuanto antes desaparezca de tus *tareas pendientes*, mejor.

2. Marca esa actividad como URGENTE, con una fecha límite y créetela, respétala como si te fuera la vida en ello.

3. Prémiate o felicítate cuando lo hayas conseguido, te sentirás extremadamente bien contigo mismo.

Llegarás al éxito si haces las cosas con **determinación, con constancia** y, sobretodo, no dejes que la vagancia o el temor puedan contigo.

Si aplicas este consejo, vas a ser mucho más productivo y feliz.

27

¿CREES EN LA SUERTE?

"Yo creo bastante en la suerte, y he constatado que, cuanto más duro trabajo, más suerte tengo".

Thomas Jefferson

Te voy a hablar de Richard Wiseman. Es un académico británico que posee una cátedra en Reino Unido sobre Entendimiento Público de la Psicología.

Wiseman se dedicó, por más de diez años a buscar una razón lógica al hecho de porqué hay personas con buena suerte y personas con mala suerte.

Consiguió un grupo de voluntarios, los clasificó dependiendo de su nivel de suerte e hicieron diferentes pruebas.

Una de los ejercicios fue muy curioso: los participantes tenían que contar el número de imágenes que veían en un periódico y, sin que ellos lo supieran inicialmente, entre las páginas dejó una frase escrita que decía: "Dígale al investigador que ha visto esto y gane 250 libras".

Las personas con suerte dejaban de contar y leían el mensaje, pero el resto no decía nada (por)debido a sus inseguridades.

Él llegó a una gran conclusión: el 90% de lo que te sucede depende de tu forma de pensar y ver el mundo.

Tu actitud marca la diferencia.

<u>¿Qué estás dispuesto a hacer para que la suerte te sonría?</u>

Desde que eras un niño has escuchado de los mayores antiguas supersticiones que han pasado de generación en generación, por ejemplo: encontrar un trébol de cuatro hojas, cruzar los dedos de tu mano, tocar madera y, sobretodo y muy importante, ¡no pasar nunca por debajo de escaleras!

Todo eso, querido lector, no te servirá absolutamente para nada. Si lo analizas, todas esas creencias lo único que hacen es condicionarte de alguna manera.

Si te cruzas con un gato negro, ya temes lo peor y estás predispuesto a que te pase.

¡Escucha tu corazón y no pongas atención en esas creencias absurdas!

No pienses demasiado cuando tomes decisiones sobre tu vida, ya que, cuando le das vueltas y vueltas al mismo tema, es cuando te sueles equivocar y después te arrepientes.

Además, si crees que te has equivocado, cosa que te puede pasar, **no te rindas**, vuélvelo a intentar de diferente manera. Seguro que tendrás más posibilidades de acertar que si abandonas.

Si piensas que la suerte no te acompaña, plantéate cambiar el enfoque.

¿Qué pretendo decir con esto? Te lo explico: tendrás que actuar de una forma totalmente diferente a como lo hiciste antes, ya que si vuelves al punto de partida con *los mismos números*, y no hablo de lotería, seguramente llegarás al mismo lugar, así que **acepta los cambios como algo muy positivo**.

Como afirmó Arthur Schopenhauer, gran filósofo alemán del siglo XIX: "La suerte baraja las cartas, pero nosotros las jugamos".

Yo hace mucho tiempo que dejé de jugar a las loterías, pero eso es una opción personal.

Me di cuenta de que la posibilidad de que me tocara un gran premio económico era casi nula, hay más probabilidades de que te caiga un meteorito encima que de que te toque.

Prefiero buscar otras opciones menos cómodas, pero mucho más gratificantes.

28

ELIGE TU CAMINO

"Pregúntate si lo que estás haciendo hoy te acerca al lugar en el que quieres estar mañana".

Walt Disney

Tu realidad es tuya y de nadie más, eso es algo que debes de tener muy claro en la vida.

Todos tenemos sueños, unos más alcanzables y otros menos, pero debes ir a por ellos siempre.

Cada persona tiene una manera diferente de ver las cosas y sigue su criterio dependiendo de sus creencias o de los golpes que haya tenido que sortear, pero eso no tiene que frenarte en tu camino.

Cuando de verdad haces lo que deseas, te sobra la energía y fluyes, te sientes feliz y te preocupa muy poco el *qué dirán* de la gente.

Te aseguro que es pura magia.

Si quieres ser extraordinario, sal del patrón y haz lo que el corazón te pida, no te olvides de quién eres.

No necesitas la aprobación de nadie para hacerlo, no convenzas a los que te rodean, convéncete a ti mismo de la realidad que quieres vivir y de que vas a conseguirlo.

Si las personas que te rodean te quieren, te respetarán, aún con sus dudas, pero estarán a tu lado siempre, no te preocupes por eso.

Pregúntate cuántas personas viven una vida que no es la suya, simplemente porque se les ha dado así y nunca se han preguntado lo que de verdad quieren.

¿Conoces a alguien que se dedique a un oficio en concreto que ha heredado, por imposición de un negocio familiar?

No te quedes estancado, por favor, evoluciona y no tengas miedo.

Siempre te puedes equivocar, por supuesto, pero habrás hecho algo que de verdad te llena, que te hace sentir completo, y podrás ir rectificando y aprendiendo de la situación.

<u>Si no te arriesgas, no te equivocarás, pero nunca harás realidad tus sueños.</u>

¡Salta! No tengas miedo, agárrate a esa posibilidad de conseguirlo que ha pasado por tu cabeza y hazla realidad.

¿Sabes qué? Quien no lo intenta, nunca lo logra, así que cree en ti mismo y trabaja con constancia hasta que consigas lo que de verdad deseas.

Hay una película genial de Disney que te muestra muy bien este mensaje.

La película es *Coco* y relata cómo Miguel, un niño mejicano, sueña con ser músico, pero su familia se lo prohíbe porque su tatarabuelo, músico de profesión, los abandonó. Además, obligan a Miguel a ser zapatero, como todos los miembros de la familia.

Te recomiendo que la veas y la disfrutes.

29

APRENDE DE LOS ERRORES

LA FÁBULA DEL LEÓN, LA ZORRA Y EL ASNO

Un buen día, el león, la zorra y el inocente asno fueron de caza juntos. Cuando decidieron que ya tenían suficiente comida, el león ordenó al asno que la dividiera en partes, para repartir entre los tres todo lo que habían conseguido.

Así lo hizo el asno, tres partes exactamente iguales para cada uno de ellos, y le dijo al león que escogiera la parte que prefería.

El león, furioso al ver que las tres partes eran iguales, se abalanzó sobre el asno y se lo comió.

Pasado un rato, el león se acercó a la zorra y le pidió que ahora ella repartiera entre los dos el festín.

La zorra hizo un montón enorme en un lado y, en el otro, solo dejó un pedacito pequeño de todo lo que habían cazado.

La zorra avisó al león para que volviera a escoger y, al ver los dos montones, el león se sorprendió y le preguntó:

—¿Quién te ha enseñado a repartir tan bien?

A lo que contestó la zorra:

—El asno me enseñó.

Esta es una famosa fábula de Esopo, de la Antigua

Grecia, y te enseña una gran moraleja: siempre tienes que aprender de los errores, ya sean tuyos o de los otros, y así poder hacerlo mejor cada día.

Los errores son parte de tu vida, nadie está a salvo de ellos, pero sé consciente de que te van a ayudar a crecer, no te arrepientas de cometerlos.

"Está bien celebrar el éxito, pero es más importante prestar atención a las lecciones del fracaso".

Bill Gates

Cambia de nuevo tu enfoque, es tu mente la que te está diciendo que todo eso ha sido un error, no dejes que te haga sufrir y ¡cállala!

Hay gente que vive en constante agonía por las decisiones que tomó, pero sigue en la misma posición creando un bucle enfermizo y negativo.

Acepta sin juzgar lo que ha pasado y, aunque empieces a sufrir en el proceso de aceptación y transformación, tienes que ser muy objetivo.

Allí estaba yo, inmersa en una relación de pareja que no entendía. No entendía la falta de respeto, no entendía las malas palabras, no entendía la falta de complicidad y solo le daba vueltas a buscar un porqué, haciendo culpables a los que me rodeaban.

Llegué al entendimiento, tenía que avanzar. Todo lo que me estaba sucediendo era porque yo lo había permitido durante años. Yo lo había elegido así.

Busqué en mi interior y dejé todo atrás. Ahora, después de rectificar y aprender quién soy realmente, tengo una relación de pareja extraordinaria.

¿Sabes qué aprendí de eso? Todo pasa por algo y hoy puedo disfrutar de una vida plena con mi familia, sin caer en los mismos errores que ya cometí. Por esto, ahora lo único que puedo decir es "Gracias".

En el año 2008, J.K. Rowling, autora de *Harry Potter*, lanzó un discurso describiendo cómo sintió que había fracasado *a lo grande* cuando era muy joven. Su matrimonio se acabó y, junto a su hija, empezó de nuevo desde la pobreza. Eso fue un punto de inflexión en su vida.

"Dejé de pretender ante mí misma que era otra cosa de lo que era, y empecé a dirigir toda mi energía en terminar el único trabajo que me importaba…Eso me liberó, porque mi mayor temor se había hecho realidad, y yo aún estaba viva. Tenía una hija a la que adoraba, una vieja máquina de escribir y una gran idea".

A partir de ahora no te vas a hundir, vas a ver los errores y los problemas como grandes bendiciones para ser mejor.

Cuando nació mi tercer hijo, decidí disfrutar de una pequeña excedencia laboral para poder ejercer de madre al máximo.

Tres meses más tarde me incorporé a mi trabajo, donde llevo años. ¿Cuál fue mi sorpresa? Que casi tenía un pie fuera de la empresa, ya que habían hecho un mal informe sobre mí.

Siempre me habian dicho lo maravillosa que era y lo contentos que estaban de que formara parte de su equipo, pero todo era un engaño.Lejos de ayudarme a evolucionar en mi trabajo lo único que hicieron era dañar mi expendiente a mis espaldas.

Me han hecho decenas de informes valorando mis aptitudes durante más de veinte años y nunca he tenido problema alguno, pero una persona valoró que no era todo lo apta que tenía que ser y yo no estaba allí para poder debatirlo, yo estaba cuidando a mis pequeñines.

Ya han pasado algunos años, y aprendí que tenía que dar cada día lo mejor de mí misma, sin reservas, y que así no quedara lugar para las dudas de quién soy y lo que valgo.

Todos tenemos limitaciones. Busca las tuyas y haz que desaparezcan.

Sigo en la misma empresa, esa persona ya no está en el equipo y me siento profundamente realizada con el trabajo que desempeño.

Aparecerán momentos de sufrimiento, acéptalo.

Los golpes siempre duelen, pero son pasajeros, todo se supera si le pones ganas y tienes esa firme convicción de que puedes hacerlo.

Lo que debes de tener muy claro es el objetivo a alcanzar y que hay que romper todas las barreras que te encuentres por el camino.

¡Hazlo por ti, te lo mereces!

30

SONRÍE

"La revolución del amor comienza con una sonrisa. Sonríe cinco veces al día a quién en realidad
no quisieras sonreír. Debes hacerlo por la paz".

Madre Teresa de Calcuta

os retos que van apareciendo en la vida muchas veces te ponen tenso y, sin darte cuenta, cada vez lo vas viendo todo de una forma más pesimista.

Analízalos, seguro que tú también has tenido la sensación de *levantarte con el pie izquierdo* y sientes que, durante ese día, una y otra vez todo lo que haces te sale mal.

Eso **es cuestión de predisposición**.

Te explico: dependiendo de cómo enfoques la energía, todo sucederá de una manera o de otra.

Cambia la visión de las cosas en el mismo momento en que te des cuenta, aunque te suponga un esfuerzo, FUNCIONA.

Puede que estés en el trabajo y te agobies porque las cosas no te salen como querías, SONRÍE.

La tensión no cabe en una sonrisa.

Si una persona con la que estás conversando te trata de loco, SONRÍE.

Si uno no quiere, dos no discuten, y el ataque se defiende con una sonrisa. No hace falta que sea una sonrisa física, es decir, lo que tienes que hacer es pensar en positivo y transmitir alegría a tu interior.

Las sonrisas que salen del corazón, que son sinceras, provienen directamente del inconsciente y sanan tu alma y la de los que te rodean.

La sonrisa natural hace que te salgan arrugas en los ojos y que tus mejillas se eleven. La sonrisa falsa no.

Empieza ahora mismo a cambiar tu mentalidad y el semblante de tu cara siempre que puedas. Es solo un hábito.

Si pones en práctica todo lo que te estoy explicando en este libro, cada vez te sentirás mejor contigo mismo, sin darte cuenta, poco a poco irás sintiéndote más feliz y sonreirás sin motivo aparente.

Tú sí que sabrás el motivo, ¿verdad?

LA FELICIDAD DE SER UNO MISMO Y SENTIRSE REALIZADO.

Si decides vivir momentos espectaculares en rutina diaria, aunque sean pequeños, ya has roto con el victimismo y con la lucha diaria que dicen que nos rodea. La vida no es eso, la vida es más fácil de lo que nos quieren hacer creer.

Ya no eres de esas personas que *sobreviven* en su trabajo o en sus familias… y la sonrisa aparecerá sola.

Es muy probable que, gracias a mi trabajo, haya abierto los ojos.

Conoces todo tipo de gente, con sus virtudes, sus limitaciones, sus anhelos... y te aseguro que, cuando te encuentras con una persona desconocida cara a cara y tienes que entablar una conversación, enseguida reconoces la actitud que tiene ante la vida.

Ya te he comentado anteriormente que nunca debes juzgar, no es de tu incumbencia lo que esa persona haya vivido, pero si ves que no es capaz de lanzarte una sonrisa y que viene dispuesto a batallar, cambia esa energía por una sonrisa amable.

Este pequeño gesto lo cambia todo, la persona se relaja y está mucho más receptiva, la magia aparece, pero ¡no seas exagerado! Solo se trata de mostrar amabilidad porque, sino, también te puede pasar todo lo contrario y se puede llegar a ofender, ya que en su cerebro no encaja la idea de que tú estás perfectamente cuando se está creando esa situación tan desagradable.

Recuerdo una ocasión en la que traté con una de esas personas que solo buscan conflicto. Yo estaba en mi puesto de trabajo y ese cliente no paraba de provocarme con malas palabras y faltas de respeto.

Aquella persona, que estaba muy enfadada con la vida, descargó toda su negatividad conmigo.

Tienes que ser inteligente y ver si puedes cambiar esa negatividad o si es mejor para ti mantenerte al margen y dejarlo ir, sin profundizar más en la conversación.

Hay personas que están tan metidas en sus problemas y en sus circunstancias que te resultará imposible acceder a su amabilidad.

Igualmente te digo que esas situaciones se me han dado muy poco, y estoy más que convencida de que la sonrisa sincera que puedes regalar a alguien, el 99% de las veces se te devuelve multiplicada con agradecimiento y bondad.

Te propongo un ejercicio muy divertido.

Yo soy una persona muy risueña, es decir, sin darme cuenta aparece en mi cara una sonrisa, ¡es automático! Y no soy consciente de ello.

Aunque antes no era así, aplicando todo lo que te explico, mi interior cambió y mi sonrisa surge sola.

Es muy divertido, voy caminando por la calle y me cruzo con la gente, con personas que no conozco absolutamente de nada.

Si esa gente levanta la mirada y se encuentra con la mía, en mi cara ve dibujada la sonrisa y, ¿sabes qué? Automáticamente, la gran mayoría de personas me devuelven una sonrisa, e incluso se piensan que las conozco y me saludan con un "¡Buenos días!", y continúan su camino.

Recuerdo un momento concreto, paseando con mis tres hijos, y mi hija mayor, de diez años, me preguntó algo que no entendía y de lo que sacó sus propias conclusiones.

Me dijo:

—Mamá, ¿tú conoces a toda esa gente que te sonríe y te saluda por la calle?

—No, cariño —le contesté.

Se hizo el silencio… se paró a pensar unos segundos y llegó a la conclusión acertada.

LA VIDA TE DEVUELVE LO QUE TÚ DAS, ES COMO UN ESPEJO.

Es probable que esas personas interpretaran que la sonrisa era directa para ellos, es probable que en su mente incluso asocien la idea de que los conozco y ellos no se acuerdan… pero lo más importante de todo esto es que creas una energía a tu alrededor totalmente positiva.

¡Pruébalo! Es muy gratificante.

31

BENDICE LA VIDA

¡MAMÁ, PAPÁ, OS QUIERO!

No olvides nunca que tus padres te han dado el regalo más grande que nadie te podía dar, LA VIDA, y que tú eres la persona que eres gracias a ellos.

No todo es perfecto. Seguro que recuerdas momentos que no entiendes y habrá cosas que han pasado que no acabas de aceptar, pero, en la gran mayoría de casos, te puedo asegurar que ellos han actuado de la mejor manera que saben, desde lo más profundo de su corazón.

Tus padres se habrán enfadado contigo infinitas veces, te han llamado la atención, te repiten las cosas una y otra vez como si no recordaran que esa conversación ya la habéis tenido antes, pero ¿sabes por qué? Es porque te aman y quieren lo mejor para ti.

No caigas en el error de valorar si su posición es la correcta o no, no siempre su verdad es la buena, ¿me explico? Pero lo hacen para protegerte, ya que desean que seas feliz.

Haz ahora un pequeño ejercicio de reflexión: intenta encontrar tres momentos de tu vida en los que tus padres te hayan ayudado incondicionalmente, y anótalos.

Es muy probable que sean muchos más, pero analiza solo esos tres momentos.

Bien, ahora intenta recordar… ¿se los has agradecido?

Si tu respuesta es sí, me alegro muchísimo, de verdad. Si no es así, mi consejo es que cambies de actitud de inmediato.

Trata a los demás de la misma manera que te gustaría que te trataran a ti, sin esperar nada a cambio.

Hay una cosa que te quiero pedir: hazles saber a tus padres lo mucho que los quieres, es muy importante para ellos y para tu persona.

Un día ellos no estarán ya a tu lado, te faltarán sus consejos, sus remilgos, sus sonrisas… y entonces, cuando ya no estén contigo, te arrepentirás de no haberles transmitido todo ese cariño y todo ese agradecimiento.

No esperes a que sea demasiado tarde y cuídalos de la misma manera que ellos te cuidaron a ti, poniendo toda tu buena intención. Nunca los desprecies, nunca.

En muchas familias, los abrazos, los besos y las muestras de afecto parece que estén prohibidos, y me cansa la típica frase de:"¡Ellos ya saben lo que yo siento, ya saben que los amo incondicionalmente!".

Eso no sirve para nada.

Probablemente tus padres se hayan educado así, de una manera fría, y no saben hacerlo de otra manera, pero esa actitud no tiene porqué crear un precedente.

En mi caso, yo nunca he escuchado un "te quiero" de la boca de mi padre, y él siempre ha estado a mi lado, pero ¿sabes qué? En cuanto se despista, le doy un beso o se lo digo yo a él. ¡Me encanta la cara de sorpresa que pone cuando no se lo espera!

Por supuesto que lo saben, pero te aseguro que mi corazón renace cuando uno de mis hijos se me acerca, sin ningún motivo, y me abraza o me dice:"¡Mamá, te quiero!".

No des por hecho nada y aprovecha ahora.

Y ahora es mi momento:

Papá, mamá, gracias por haberme dado educación, valores y un hogar donde crecer feliz.

Gracias por apoyarme cuando me he equivocado y por estar siempre a mi lado cuando he querido rectificar.

Gracias por subirme a vuestros hombros para que viera el mundo con más claridad.

Gracias por enseñarme, de una manera u otra, los grandes valores de la vida.

Gracias por darme la vida y por dedicaros a mí en cuerpo y alma.

Por esto y por mucho más, soy la persona que veis ahora, ¡inmensamente feliz!

OS AMO.

32

ENCUENTRA TUS PORQUÉS

Si encuentras tus razones para llegar al cielo, también encontrarás la manera de hacerlo y tocarlo con tus manos.

<u>Sueña en grande y pisa fuerte por donde quiera que camines. Esa tiene que ser tu actitud para llegar a tu meta.</u>

No te dejes llevar por la mente, que te guiará por el camino fácil y seguramente, a la larga, te encontrarás de nuevo en el mismo sitio donde estabas hace tiempo, no habrás evolucionado absolutamente nada.

Ahora, hazte estas preguntas:

¿Qué es lo que hace que te muevas para vivir más feliz?

¿En qué inviertes horas y horas disfrutando como cuando eras un niño pequeño?

No dudes, seguro que lo sabes. Eso que te viene a la cabeza es <u>tu verdadera pasión</u>. Es tu porqué.

Hazme caso y déjala entrar en tu vida, no le pongas trabas.

Cada uno tiene unos motores diferentes que mueven su vida, en mi caso, son mis hijos. Busca ahora cuáles son los tuyos.

Si no los encuentras porque ahora mismo te sientes perdido, relájate y no tengas prisa, este es otro de esos momentos en los que te aconsejo que acudas a la meditación y conectes con tu interior.

Cuando encuentras tus motivos, todo cobra sentido y luchas con todas tus fuerzas para conseguir lo que te propones, ya que no existirá otra opción posible.

Esas razones son muy poderosas y pueden hacer que las montañas se muevan.

Cuando hayas encontrado de verdad tus motivos para dar al mundo tu mejor versión, no dudes en el camino, no dejes las cosas a medias, ya que entonces te sentirás frustrado y no te quedarán ganas para volverlo a intentar.

Sé firme en tus decisiones y, si dudas, vuelve a recordar las razones por las que tienes que caminar hacia delante.

Si lo que de verdad quieres es una relación de pareja impresionante, ofrece a los demás lo mejor de ti.

Si quieres tener más dinero, no malgastes el que tienes en cosas que no necesitas. Muchas veces te han hecho creer que sí, pero detrás de todo eso solo hay intereses ajenos a ti.

Si necesitas una mejor salud, empieza desde ahora mismo a cuidar tu cuerpo y tu mente, de manera equilibrada.

Las grandes cosas se consiguen dando primero pequeños pasos, pero, sobretodo, camina en la dirección correcta, la que te dicta el corazón.

Si utilizas tu sentido común, lo conseguirás, pero no desistas, sé constante con lo que te propongas.

33

SUPERA LOS OBSTÁCULOS

"Los obstáculos no tienen que detenerte. Si te encuentras con un muro, no te des la vuelta ni te rindas. Averigua cómo escalarlo, atravesarlo o rodearlo".

Michael Jordan

Lee esto atentamente, es muy importante y debes tenerlo en cuenta: **los obstáculos que te pone la vida son solo retos que tienes que ir superando con entusiasmo y positivismo.**

Piensa...

¿Qué provecho obtienes anclándote en el problema y sin buscar una solución?

No vas a llegar a ningún sitio, créeme.

La gran mayoría de personas empieza cualquier reto con entusiasmo, con un entusiasmo en muchas ocasiones desmedido, pero, cuando empieza a darse cuenta de que es probable que tenga que esforzarse para conseguirlo, se rinde y abandona.

Esa es la razón fundamental por la que solo unos pocos consiguen alcanzar sus sueños, ellos dan lo mejor sin importarles las dificultades que se encuentren por el camino. Nunca tiran la toalla.

Puedes ver a diario a empresarios que lo han conseguido, y la gente *gris* siempre hace el mismo tipo de comentarios, observándolos con mirada dañina:

—Mira ese, a saber lo que ha tenido que hacer para conseguir eso... cualquier cosa seguro...

Lo que ha hecho, tú ya sabes lo que es: trabajar muy duro cuando, seguramente, esas personas están tomándose una cervecita detrás de otra en el bar.

Es muy radical lo que te acabo de decir, pero es la realidad.

Detrás de un sueño cumplido siempre hay una magnifica obsesión por quererlo conseguir, muchas veces sin límite de horarios y arriesgando lo poco que se tiene en una inversión que probablemente que no salga como se desearía.

<u>Los obstáculos te hacen crecer como persona, así como dejar atrás tus miedos y tu ego.</u>

Cuando tengas ganas de abandonar, piensa muy bien en lo que te expliqué en el capítulo anterior, en tus porqués, e intenta resolver cada uno de tus problemas poco a poco, siempre siendo consciente de hacia dónde quieres ir.

SI QUIERES GANAR LA PARTIDA Y ALCANZAR TUS METAS, HAZ UN PLAN Y PONLO EN PRÁCTICA.

NUNCA TE CENTRES EN LOS OBSTÁCULOS NI TE JUSTIFIQUES.

Esas típicas justificaciones, como "Era muy difícil", "No tenía oportunidades" o "Los otros son mejores que yo"; son solo creaciones de tu mente para que no te muevas y te mantengas en terreno seguro, pero eso, a la larga, te va a hacer mucho daño.

Hay muchos casos de superación entre las personas que nos rodean, pero esta que te voy a contar a continuación marcó mi vida para siempre.

Me gustaría explicarte la historia de Halle Berry.

Ella fue la primera actriz de raza negra que puede decirse que, gracias a su dedicación y su talento, ha conseguido un Oscar y hoy es una de las actrices mejor pagadas de la industria en Hollywood.

Halle Berry fue abandonada por su padre cuando solo tenía cuatro años, y fue criada por su madre en unas condiciones económicas muy duras.

Su padre era alcohólico y machista, y como de vez en cuando aparecía por la casa, la violencia siempre estuvo presente en su infancia. La ley lo obligó a alejarse de la familia.

Llegó a vivir en albergues con mendigos, por lo que cuando decidió irse a cumplir su sueño, estaba sola y sin dinero.

Uno de sus primeros novios la maltrataba de tal manera que, de un golpe, su oído quedó afectado y perdió un gran porcentaje de su capacidad auditiva.

No dejó nunca de intentarlo, hasta que empezó a hacer anuncios publicitarios, papeles secundarios en series de televisión... y ya ves ahora a dónde ha llegado.

Actualmente es madre de dos niños y una mujer extraordinaria.

Ella no se ha dejado llevar por la adversidad y, por eso, ha conseguido grandes cosas en su vida.

Si te enfocas en el positivismo, crecerás como persona y tus problemas cada vez los verás más pequeños.

Relativiza todo lo que te pueda estar sucediendo e intenta buscar soluciones a los retos que se plantean en tu vida, poco a poco verás, si no les das la espalda, cómo se van solucionando uno tras otro.

34

CUIDA A LOS QUE TE AMAN

"El amor es la ausencia del egoísmo".

Erich Fromm

Y de nuevo aparece la horrible rutina, el dar todo por hecho, pensando que sabemos todo.

Aparece el EGO y destruye todo lo que has construido.

Sientes que ya lo conoces todo de esa persona, pero en verdad no es así, lo más seguro es que ya no pongas el mismo interés que al principio en descubrir todo lo que te puede aportar.

Empiezas una nueva relación y todo es ilusión, cada vez que te encuentras con esa persona das lo mejor de ti, no te importa absolutamente nada lo que pueda suceder a tu alrededor.

Pero va pasando el tiempo y ya no te centras en hacerla feliz, ahora lo único que buscas es complacerte y esperar a que te cuiden incondicionalmente.

Esa persona, con los años, deja de ser una prioridad para ti, y matas poco a poco esa ilusión que es la que mantiene la llama encendida.

Gran error, te lo aseguro.

No basta con estar presente físicamente, no te olvides de los detalles y los gestos de cariño.

Lo primero que debes claro es que el amor se tiene que cuidar cada día.

Sí, cada día.

Regálale palabras de afecto en cualquier momento, cuando menos se lo espere, escucha a esa persona cuando necesite consejo y, sobretodo, respétala tal y como es.

Es muy probable que la pasión no sea la misma que cuando la conociste, lo sé, pero parte de culpa la tienes tú.

¿Duele? Sí, duele, pero reacciona y no dejes que se ahogue esa relación. Cuídala si de verdad eres feliz compartiendo tu camino con ella.

En las relaciones suelen aparecer discrepancias que te hacen sentir descolocado, pero en lugar de buscar el ataque hacia la otra persona, debes empatizar con ella. Intenta ponerte en su situación, ya que no todos somos iguales, esa es una de las grandes maravillas de la vida.

El respeto tiene que ser lo que marque la diferencia, nunca intentes cambiar a la persona que tienes al lado, respétala y apóyala en sus decisiones, y así creceréis juntos.

Mientras tú no le das conversación, otros darían la vida porque les conteste, mientras tú no compartes tu tiempo con esa persona, otros ya le han dado opciones para vivir intensamente.

Mientras no la escuchas, otra persona ya le ha dado soluciones a sus problemas.

No la hagas llorar y cuida a esa persona como si hoy fuera el último día que la fueras a ver, no esperes a que desaparezca de tu vida.

De todo esto te hablaré con más profundidad en mi siguiente libro, *Saber amarte*, y conseguirás relaciones prometedoras.

CUIDA TU TEMPLO

"Cuida tu cuerpo como si fueras a vivir por siempre.
Cuida tu alma como si fueras a morir mañana".

San Agustín

¿Eres consciente de que tienes que cuidar tu cuerpo para mantenerte vital?

¿Te alimentas correctamente?

¿Haces deporte de forma regular?

Tu cuerpo es el hogar de tu alma, el lugar donde reside toda esa energía que te hacer vivir y, si no lo cuidas, tus días no serán tan increíbles como deberían ser ni como mereces.

Si analizas todos tus hábitos, te darás cuenta de que te estás intoxicando sin ser consciente de ello, dejándote llevar por la sociedad de consumo que el ser humano ha creado.

Te explicaré mejor: aunque es probable que ya lo sepas, quizás no te has parado a pensar seriamente en la repercusión que todo esto puede tener en ti a largo plazo.

Empieza por tu alimentación, observa la próxima vez que vayas al supermercado y te darás cuenta de toda la porquería que estás comprando.

No hace falta ser radical (bajo mi punto de vista), solo debes ser consciente e introducir en tu rutina unos hábitos saludables.

¿Cómo puede ser que el porcentaje de alimentos procesados sea tan elevado y que tú los consumas?

Lo primero que deberías hacer es intentar comprar todos esos alimentos que provienen directamente de la naturaleza y que no han sido cocinados industrialmente, ya que no han perdido ninguno de sus nutrientes y van a proporcionarte lo que tu cuerpo necesita. Me refiero a las verduras, la fruta, los cereales…

Los alimentos procesados pretenden hacerte la vida

más fácil, pero a largo plazo pueden hacerte enfermar por su alto contenido en grasas y productos químicos.

No quieras vivir deprisa, dedica unos minutos para cuidar tu alimentación y aprende a disfrutar de lo que te ofrece la naturaleza.

Tenemos que aumentar nuestra energía vital, ¿verdad? Pues hay estudios que aseguran que el consumo de grasas saturadas y de ácidos grasos, de la comida *basura* o bollería industrial, supone un factor muy importante de riesgo para padecer una depresión.

Te han hecho creer que tienes que aportar cientos y cientos de calorías vacías a tu cuerpo cuando tienes hambre, y no es así.

Seguro que te ha pasado, después de esa comilona con tu familia o amigos, que no te has podido mover. Has tenido esa sensación de pesadez en el estómago, que te invita solo y exclusivamente a estirarte en la cama y a reposar. ¿Verdad que sí?

Eso es debido a que a tu cuerpo le cuesta procesar todo lo que le has aportado, y haces que tus órganos vitales trabajen más de lo que deberían.

Si eres una persona sana, no hace falta que sigas una dieta estricta, no te creas los engaños inventados por las dietéticas para vender productos milagrosos y así ganar un cliente más.

Cambia tu rutina con unos hábitos básicos que a mí me han dado una vitalidad extra:

-Tu base diaria deberían ser las hortalizas, las frutas y las verduras de temporada.

-Utiliza grasas vegetales buenas como el aceite de oliva, preferiblemente prensado en frío.

-Intenta comer más pescado que carne y, si puede ser fresco, mejor.

Lee detenidamente la etiquetación de los productos congelados industrialmente y entenderás porqué te digo esto. Si la gran mayoría de los ingredientes que detallan no sabes qué son, te aconsejo que no los compres.

-Come legumbres de todo tipo y de todas las maneras, ya que son una gran fuente de proteínas.

-Bebe agua, toda la que te pida el cuerpo, pero si puede ser embotellada mejor que del grifo. Aunque también es potable, tiene el mismo problema que los alimentos, esos químicos añadidos.

Esto no tiene que ser siempre así.

Me explico, claro que puedes beber una copa de vino o comerte una maravillosa pizza, si te apetece. Por supuesto que puedes darte un caprichos de vez en cuando, pero modifica tus hábitos diarios para que la base de tu alimentación sea lo más sana posible.

No tengas prisa, no te agobies.

Empieza con pequeños cambios saludables y no los abandones.

36

SUPÉRATE CADA DÍA

"No busques ser perfecto, sé feliz. Concentra todas tus energías en ser un mejor ser humano, sé
auténtico y supérate cada día".

Leo Pavoni

¿Has apostado últimamente a la lotería? Si es así se debe a que piensas que la ilusión y la prosperidad se compran, y nada más lejos de la realidad. Ya te he explicado lo que pienso yo de las apuestas pecuniarias.

He conocido a personas que han ganado premios cuantiosos en apuestas, e incluso grandes fortunas de familiares fallecidos, y al poco tiempo, debido a su inconsciencia, se han encontrado igual que antes o peor.

Lo que tú debes hacer para mejorar radicalmente tu vida es trabajar duro, ya que nada se consigue sin esfuerzo y dedicación.

No es fácil, lo sé, y es muy probable que tu mente ahora mismo esté diciendo que no es verdad, pero te pido que no le hagas caso.

Busca dentro de ti cuáles son tus sueños reales y en el momento en que una persona se acerque a decirte que eres "un feliz sin razón", o que lo que quieres conseguir es imposible y que tienes que ser realista, no la escuches.

Esas opiniones hacen que tu luz se apague poquito a poco y que dejes de soñar, ¡no se lo permitas! Ya que, si lo haces, tu vida carecerá de todo sentido.

Sueña en grande, aunque creas que no es posible que aquello que deseas te pueda pasar a ti.

Todo se puede lograren esta vida, pero hay que pagar un precio.

Márcate un plan, analízalo y síguelo hasta que consigas lo que te has propuesto.

No seas como la mayoría de personas que te rodean, no seas *gris* y apuesta por una mentalidad ganadora.

Tienes que estar dispuesto a todo lo que pueda estar en tu mano para conseguir tu objetivo, solo así tendrás esa vida increíble que siempre has querido disfrutar.

Entonces, el primer paso para superarte es tener ganas de verdad, y eso solo lo vas a sentir si te enfocas en lo que te apasiona.

El éxito es un 1% de inspiración y un 99% de duro trabajo, pero piénsalo por un momento… Si te gusta de verdad lo que estás haciendo, ese trabajo ya no te parecerá tan duro. Tendrás esa magnífica sensación de que las horas vuelan y, además, te sentirás inmensamente feliz.

¿Te ha pasado alguna vez? A mí me está pasando ahora mismo, y en parte es gracias a ti, que me estás dedicando tu tiempo.

¡TE DOY LAS GRACIAS CON TODO MI CORAZÓN!

¿Conoces la diferencia entre habilidad y talento?

La habilidad es algo que tú creas dedicándole todo el tiempo del mundo, toda tu pasión.

El talento es innato y te acompaña desde que naces, desde del vientre de tu madre.

Tu talento te ayudará a superarte y a conseguir grandes cosas si te lo propones, pero si no te vuelves hábil para complementarlo, estás perdido.

¿Cuántos niños en tu escuela se confiaban y no estudiaban hasta el día antes del examen porque decían que tenían facilidad para estudiar y después suspendían?

Yo lo recuerdo perfectamente, es más, recuerdo a esos incansables compañeros que hacían sus deberes cada día, no salían siempre a jugar para dedicar tiempo a sus estudios, y eran los que después tenían notas excelentes.

¿Los recuerdas?

Si no estás dispuesto a esforzarte y a dar lo mejor al mundo, quizás eso no sea tan importante para ti como crees.

<u>Recapacita, nadie consigue nada de la nada.</u>

Entonces, te pido que seas responsable. Piensa seriamente que es lo que quieres para ti y, cuando lo tengas claro, no camines, ¡corre! Corre hacia ello como si no existiera un mañana, supérate en cada decisión que tomes y lo conseguirás.

No pienses en el corto plazo, todo necesita su tiempo: apunta siempre hacia el mañana, pero trabajando en el hoy.

Mantén la ilusión y ofrece lo mejor de ti, y entonces, y solo entonces, la victoria estará en ti.

Desde muy pequeña he sentido una necesidad incontrolable de ayudar a los demás, ayudar a las personas a crecer y a superar sus problemas. Esa es mi verdadera vocación.

Ya en la adolescencia, hubo un tiempo en el que mis fines de semana estaban dedicados a personas con discapacidad, y doy gracias a la vida por darme la oportunidad de poder ayudar con mi pequeño grano de arena, ya que ellos me enseñaron grandes cosas.

Siempre que tengo la oportunidad escucho a la gente que me rodea e intento hacerles ver que la vida es maravillosa, y ellos me pagan con infinita gratitud.

Ahora yo necesitaba más.

Mi gran objetivo con este libro es abrirte los ojos a ti y a todas esas personas que quieran darse otra oportunidad, ya que la vida, a mi parecer, no es tal y como nos la cuentan.

Espero haberte ayudado, lo deseo con todo mi corazón.

Ahora no guardes el libro en un cajón, ni te olvides de todo lo que te he explicado, ponlo en práctica en tu día a día.

Si tienes un momento de flaqueza, recuerda lo que hemos compartido tú y yo. Es sencillo, solo hazlo.

Por mi parte, me he quedado con ganas de más, y en mi segundo libro, *Saber amarte*, te explicaré todos y cada uno de los secretos para poder vivir una relación de pareja maravillosa.

Tienes que apuntar alto y alcanzar tu victoria en todos los aspectos de tu vida, no te conformes con menos.

Nos vemos pronto, gracias por estar ahí.

Laín García Calvo

Recuerdo perfectamente el momento en que te conocí.

Yo estaba postrada en mi cama, ya que una de mis hernias discales me impedía moverme, era por la mañana y llevaba horas en la misma posición.

Mis padres cuidaban a mis tres hijos y durante unos días no pude ir a trabajar.

Mi cabeza daba vueltas, hora tras hora, yo no quería estar así.

Algo dentro de mí me dijo que cogiera el teléfono móvil y que dejara a un lado el libro que estaba leyendo.

De pronto, apareció en mi pantalla, sin buscar absolutamente nada, un vídeo de Laín.

Sentí que él era especial, sentí que tenía que saber más de lo que me estaba explicando en un simple vídeo.

No esperé ni un minuto, compré su libro *La voz de tu alma*.

Mi vida se transformó.

Laín García Calvo está considerado uno de los principales líderes en desarrollo personal de habla hispana, y uno de los más leídos.

Él transformó su vida y ahora ayuda a miles de personas a que puedan hacer lo mismo, gracias a sus libros y a sus eventos.

Laín, yo solo puedo darte las gracias.

Gracias por existir, gracias por creer en nosotros y gracias en particular por ayudarme como lo estás haciendo a que mis sueños se cumplan.

Sin ti, sin esa forma que tienes tan extraordinaria de motivarme hasta en los momentos más difíciles, no habría sido posible escribir este libro. Los sueños se cumplen.

Si todavía no lo conoces, te invito a que lo hagas. No te dejará indiferente.

Entra en:www.laingarciacalvo.com

Virginia Ortega Langreo

Virginia Ortega Langreo

@virginiaortegalangreo

www.virginiaortegalangreo.com

www.ingramcontent.com/pod-product-compliance
Lightning Source LLC
LaVergne TN
LVHW091657190726
843493LV00001B/48